Walking & SlowRunning Methods
by Tetsuhiko Kin

金 哲彦の
ウォーキング&
スローラン

金 哲彦 著

高橋書店

400mが超長距離……

「運動しなきゃなあ……」。日ごろの不摂生を恥じ、これではいけないと一念発起して走ることにチャレンジした人は多いのではないでしょうか。でも、一度運動することから離れたカラダは400mも走ると鼓動が激しくなり息も上がり、ついには足がもつれて……なんてことに。たとえば、駅の階段の上り下りや電車に間に合わせるための駆け足……日常生活のいたるところで体力のなさを痛感することでしょう。そして、こう思うのです。

「こんなカラダじゃ、とてもじゃないけど走れない」

でも、それであきらめてはもったいない！　ふだん運動していない人がこのようなつらい状態になるのは当たり前のことです。

忘れないでください！　あなたは走れるのです!!

本書は、運動にコンプレックスのある人や体力のなさを痛感している人にも喜びを知ってもらうために作りました。今のカラダは仮の姿です。本来の姿を取り戻し、カラダを動かす、運動を楽しむという喜びに目覚め、健康な毎日が送れるよう本書を活用してください。

Problem

ふだんこんなことを感じていませんか?

肩こり、腰痛に
悩まされている

カラダをちょっと動かした
だけでひどい筋肉痛になる

階段をちょっと上った
だけで息が切れる

運動が今は苦手でも、楽しいと感じられるように変わります!

4 あなたを変える つのキーワード

Awake

目覚める!

ふだんから姿勢を意識し、カラダをほぐす。これであなたのカラダの眠っている筋肉を目覚めさせます

Notice

気づく!

最初は立つだけ。これで自分のカラダの問題点に気づけます

Burn

燃やす！

いよいよランニングの開始。ゆっくり走るスローランニングで体脂肪はみるみる燃えていきます

Change

変える！

ウォーキングで走れるカラダに変えていきます。美しいフォームで歩ければ美しいフォームで走れるように

走れない人のカラダは、体力や筋力の衰えに加え「姿勢」も乱れています。それを４段階のプログラムで正していけば、どんなに運動が苦手でも必ず「走れるカラダ」になれるのです。

　まずは「立ち」でカラダのパーツごとに正しい動きをチェックし、日常生活のついでにできるストレッチ、トレーニングを行う。そして「歩き」でそれを連動させ、その動きを「走り」にもつなげる。その流れで正しいフォームを習得していき、一歩ずつ自分を変えていきましょう。

「痩せる」ではなく「痩せた」

本書では「スローランニング」という走り方を紹介しています。「早歩き程度のスピードでゆっくり走る」という非常にシンプルな走法ですが、これは健康のため、ダイエットのための、最適な走り方です。メカニズムの詳細はPart 4で紹介しますが、何よりゆっくり走れば息切れもしにくく、カラダが限界を感じて悲鳴をあげることもないので、運動が苦手な人にとってのファーストステップとしておすすめです。

本書のメソッドどおり、カラダの問題点に気づき、日常のエクササイズでカラダを目覚めさせ、歩きでフォームを固めてから走ってみてください。これまでにないほどカラダが軽く感じられ、脚が自然と前に出るようになります。ここまで到達すれば、走ることが楽しみになります。あとは痩せることなど考えなくても、脂肪は勝手に燃えていきます。

「楽しく走って 気づけば痩せていた」

こんな新しい自分になるための第一歩としてこの本をぜひとも活用してください。

Contents

目次

金哲彦のウォーキング&スローラン

金哲彦の
ウォーキング&スローラン

デザイン／広瀬恵美
写真撮影／金田邦男
イラスト／安ヶ平正哉、宮崎信行
ヘア&メイク／竹内美紀代
スタイリング／大貫世理子
モデル／えな（SPLASH）
DTP／天龍社
編集・執筆協力／大野マサト

Part 1
自分のカラダに
「気づく」

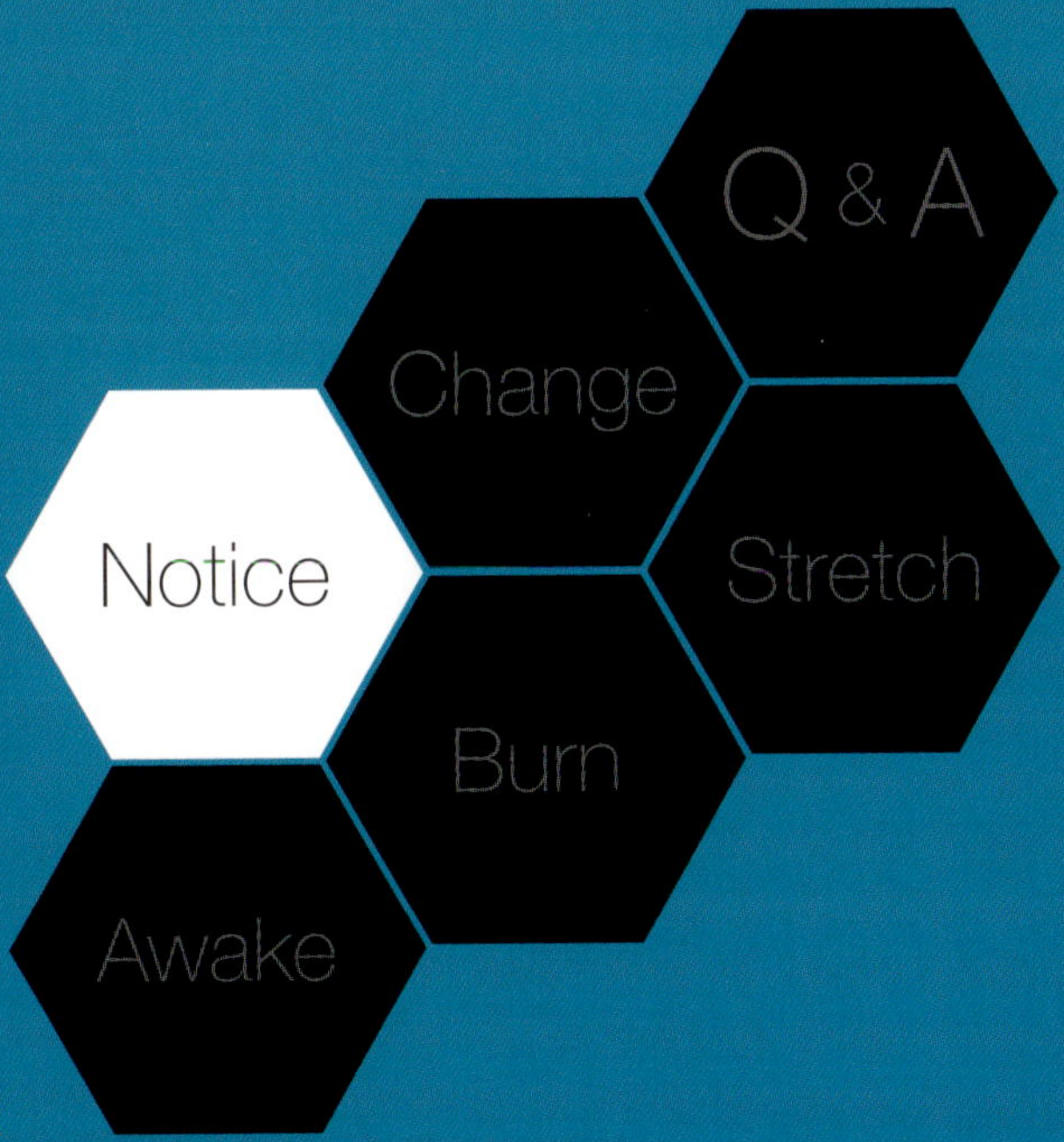

Walking &
SlowRunning Methods
by Tetsuhiko Kin

引き締まったカラダを取り戻す!

気づいて、目覚めて、変えて、痩せる!

健康のため、ダイエットのためにランニングを始めたいと考えながらも「運動が苦手な自分じゃ無理かも」と、ためらっている人は多いと思います。そんな人たちに、まずは「大丈夫!」と言わせてください。

本書で提唱する、ゆっくり長く走る「スローランニング」は、まさにそんな不安を抱えている人のためのものです。

普通のランニングに比べ心肺への負荷が小さいので、体力がなくても長時間走れます。美しいフォームが身につき、全身の筋肉を使って走れるため、特定の筋肉を傷めにくくなります。そして何より、自分のカラダが変わっていくことを体感しながら習得できるのです。

スローランニングのもつこのような特徴は健康やダイエットを目的とする人にはまさに「最適」です。

とはいえ、本書を手に取る人の多くは、走ること自体に慣れていないため、自分が長距離を走れるという自信をもてないのが現実でしょう。実際、走り出して1㎞もたたないうちに大きな疲労を感じることと思います。

しかし、心配ご無用。本書では、運動をまったくやっていない人でも、ゆっくり長く走れるようになる4段階のプログラムを用意しました。この過程をたどれば、誰でも無理なく走れるようになります。

ともあれ、まずは始めてみてください。そして、自分のカラダが徐々に引き締まり、健康になっていく楽しさを味わってください!

誰でもできるスローランニングまでの道のり

1. まずは自分のカラダに →→→ 気づく
2. 使っていない筋肉を →→→→ 目覚めさせる
3. 歩きで運動をするカラダに → 変える
4. スローランニングで脂肪を → 燃やす

SlowRunning Step ▲▲

健康で引き締まったカラダへの道のり

START

1 カラダの弱点に気づく!

美しい立ち方を部位ごとに細かく紹介しながら、自分のカラダのどこが悪くなっているのか、どんな動きをするとキツいのかを知り、改善のためのヒントにしましょう。

2 3STEPメソッドでカラダが目覚める!

カラダのクセを日常生活のなかでなおすメソッドを紹介します。これを続ければカラダのこりやクセが徐々に消え、同時にフォームも美しく変わっていきます。

3 ウォーキングでカラダを変える!

運動不足の人ならウォーキングから始めるのが効果的。歩き続けることで最低限、ランニングに必要な体力と筋力がつき、徐々に動くためのカラダに変わっていきます。

4 スローランニングで体脂肪を燃やす!

ウォーキングで身につけたフォームは走りにも適用できます。速歩きでも息の上がらないカラダに変わったら、スローランニングでカラダを引き締めましょう!

GOAL

クセをなおせばカラダは変わる

なぜ、あなたは走れなくなったのか？

長年、運動とは無縁な生活をしている人は、走ることが苦痛で、その理由を体力の低下などにしがちです。

もちろんそれは正解です。運動をしなければ、心肺機能や筋肉が衰えてしまうため、体力はどんどん低下します。

しかし、それ以上に深刻な問題があります。それはカラダのクセから生まれた「姿勢の乱れ」です。

たとえば、肩こりのひどい人は、上半身をスムーズに動かせないため、歩幅が狭くなりちょこちょこと歩くようになります（35ページ参照）。このような歩き方では必要以上に脚力を使うため、すぐに疲れてしまいます。

対して、カラダのクセがまだついていない子どもの走り方を見てください。背中の筋肉をダイナミックに動かし、腰を回して脚を前に出しています。このように全身を使うと、疲労も全身に分散されるため疲れにくくなり、カラダが軽くなったように感じられるのです。

つまり、子どものころは誰でも美しく走っていたのです。しかし、変な姿勢で座ったり歩いたりして日常のなかでカラダのクセが生まれ、それが走りのフォームを乱すため、走ることを苦痛と感じてしまっているのです。

知らず知らず身についたクセ。これさえなおしていけば、あとはいくつかのポイントに気をつけるだけで、姿勢もフォームも美しく生まれ変わり、ラクに走れるようになります。

なぜ、子どものフォームは美しいのでしょう。その答えはじつに簡単。筋肉が発達していないため、動くには全身の筋肉を正しく連動させるしかないのです。でも、これが走りの理想。長い人生のなかで忘れてしまった動きを取り戻し、昔の自分を思い出しましょう！

Column

「こり」が人の姿を変えてしまう

　肩こりに代表されるカラダの「こり」は、たいてい姿勢の乱れや運動不足から起こります。背中を丸めて仕事をしていると、背中や肩の筋肉はつねに緊張します。すると血液の循環が悪くなり、肩がこります。

　この状態が続くと動きもぎこちなくなり、硬い部分はより硬く、ゆるい部分は体重を支えられなくなり、悪い姿勢が定着するのです。しかし、ストレッチをこまめに行えばこりは解消されます。思い当たる人は本書のメソッドで本来の姿勢を取り戻しましょう！

まずはカラダが変わる楽しさを味わおう

あせらず、楽しく、できることから

ウォーキングやランニングはカラダひとつで気軽に始められる利点があります。しかし、その気軽さゆえに長続きしない人が多いのも事実。

長続きしない理由は「めんどうくさい」「疲れている」「忙しい」などさまざまですが、これらは「運動を楽しいと感じない」「思ったほど成果があらわれない」に集約されます。

どんな行動でも、楽しければ続けられるもの。睡眠時間を1時間削ってでも走る、2つ前の駅で降りて早歩きで帰るなど、どんなに忙しくても時間を捻出するようになります。

「そこまでして走る?」と思うかもしれませんが、運動経験ゼロから始めた人でも、ランニングに夢中になる人はたくさんいます。

本書では、立つ→歩く→走るという順番で正しいランニングフォームを習得し、そのなかで体感できるカラダの変化をたくさん載せています。ランニングへの段階を一つひとつ踏みながら、自分のカラダが少しずつ変わっていくのを実感し、楽しみながらステップを進んでください。

また、ウォーキングやランニングは健康やダイエットに最適な運動ですが、結果がすぐ出るものでもありません。102~103ページ掲載の、体重変化のグラフのとおり、痩せ始めるには時間が多少かかりますが、長く続ければ、結果はあとで〝必ず〟ついてきます。

自分のできる範囲で、ゆっくり、楽しく始めていきましょう。

【自分に合ったレベルから始める】

本書では「立つ→歩く→走る」の順にフォームを覚えていき、さらに日常生活で姿勢を意識することで、カラダのクセをなおし、フォームに磨きをかけていく流れになっています。ただしこれは、現在まったく運動をしていない人を想定して作られているので、多少でも運動をしている人にはPart1、2はもの足りないかもしれません。その場合はいきなりPart3、4から読み始めてもいいでしょう。自分のレベルに合わせ、本書を自由に活用してください。

Run

[走る]

すでにランニングを始めているなら、スローランニングも試してみてください。そして、ここで紹介するさまざまなメリットを体感しましょう

» Part4 P92～

Walk

[歩く]

フォームを見直したい、運動のきっかけがほしいという人は歩きましょう。3つのポイント（P41参照）を意識したウォーキングで美しいフォームが作れます

» Part3 P76～

Stand

[立つ]

立ち方を細かく見ていくことで、カラダの弱点に気づくとともに、正しい姿勢の基盤を作れます。運動に自信がなく一から始めたい人はここから始めましょう

» Part1 P20～

自分のカラダの弱点に「気づく」ために

己を知ることからスタート

カラダのクセはわずかな期間でついたものではありません。たとえば猫背も、何十年もの月日をかけてそうなってしまったものです。猫背のように見た目にわかりやすいものなら自覚もしやすいのですが、実際は気づかないカラダのクセがたくさんあります。

クセが歩きや走りのフォームを乱し、疲れやすいカラダにしているのですから、それをなおさなければなりません。

そこで、まずは美しく立つことから始めます。これから紹介する立ち方は人間本来の骨格や筋肉の機能を活かしたものなので、悪いクセがついていたら、たちまちあらわれます。ポイントを部位ごとに細かくチェックしていき、動かない、動かしにくい部位を特定し、自分のウィークポイントに気づきましょう。

これがわかれば、その部分におのずと意識を向けられます。するとPart2の、日常で行う各種エクササイズに積極的に取り組め、効果を敏感に察知できるようになります。

「あれだけ硬かった肩が動く!?」
「階段を上っても疲れない!」
「猫背がなおって背が高くなった」

自分のカラダの弱点を意識してエクササイズを続ければ、こうしたうれしい瞬間に幾度も出合えます。「気づく」ということは楽しみを倍増させることなのです。

なるべく多くの楽しみに出合うため、20ページから紹介する立ち方で今の自分をしっかり見つめなおしましょう。

【自覚はなくても姿勢は乱れているもの】

正しい立ち姿と姿勢の悪い立ち姿を並べました。見比べれば歴然。NGは明らかにわかりますが、現代人のほとんどがこのような立ち方をしているため、NG写真だけ見れば「こんなふうに立っている人もいるよね」とあまり気にならないでしょう。

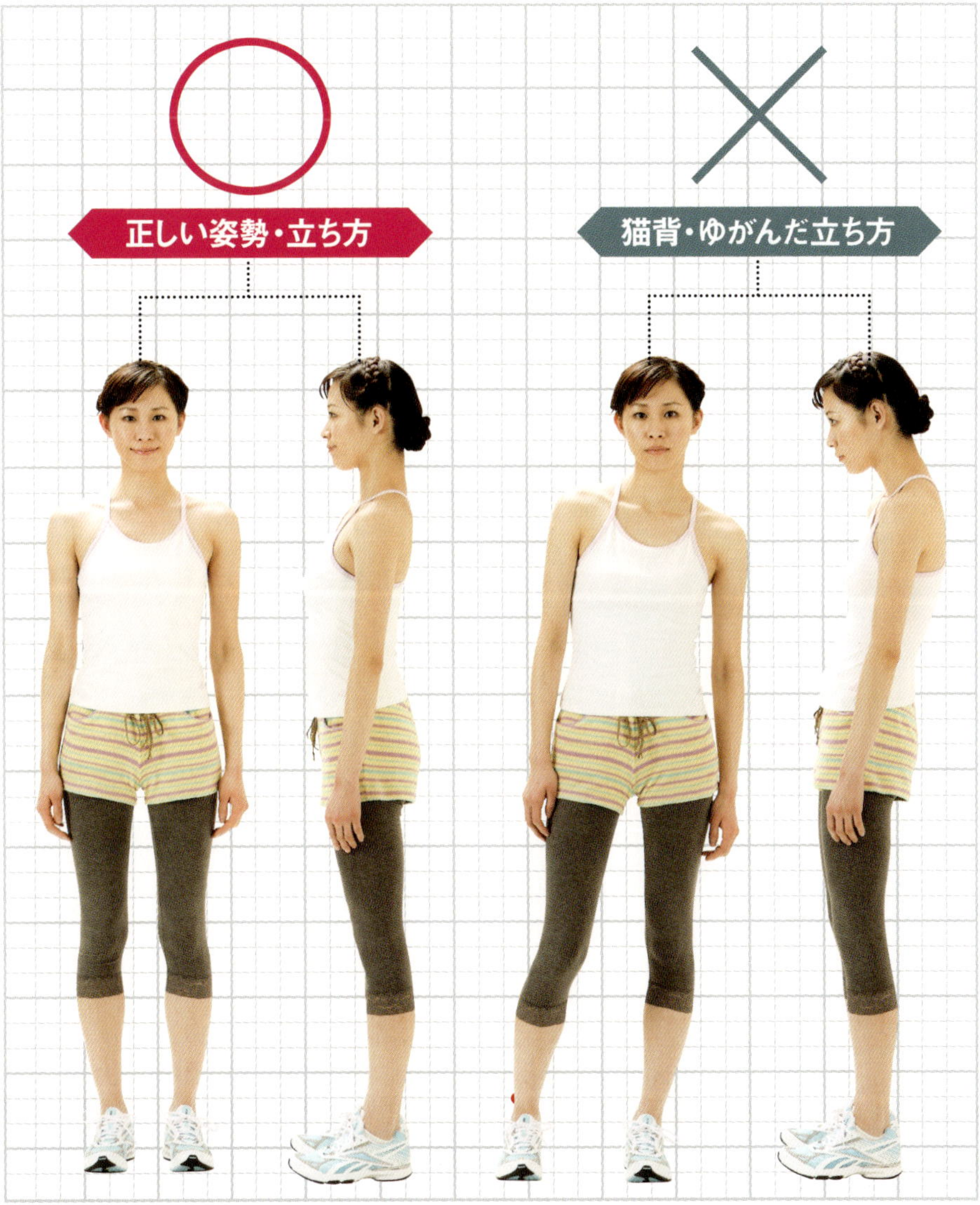

自分のカラダを知ろう

正しい姿勢で立つと「弱点」が見える

美しい立ち方とは、筋肉や骨格が本来もつ機能によって作られた「正しい立ち方」です。チェックすべきは5か所。足元からチェックしていきます。ここでひとつ注意しておくのが、正しい立ち方は、今の自分にとって心地よい立ち方ではないということ。

さまざまな違和感を抱くかもしれませんが、気にせずドリルに集中して正しい形を作ってください。

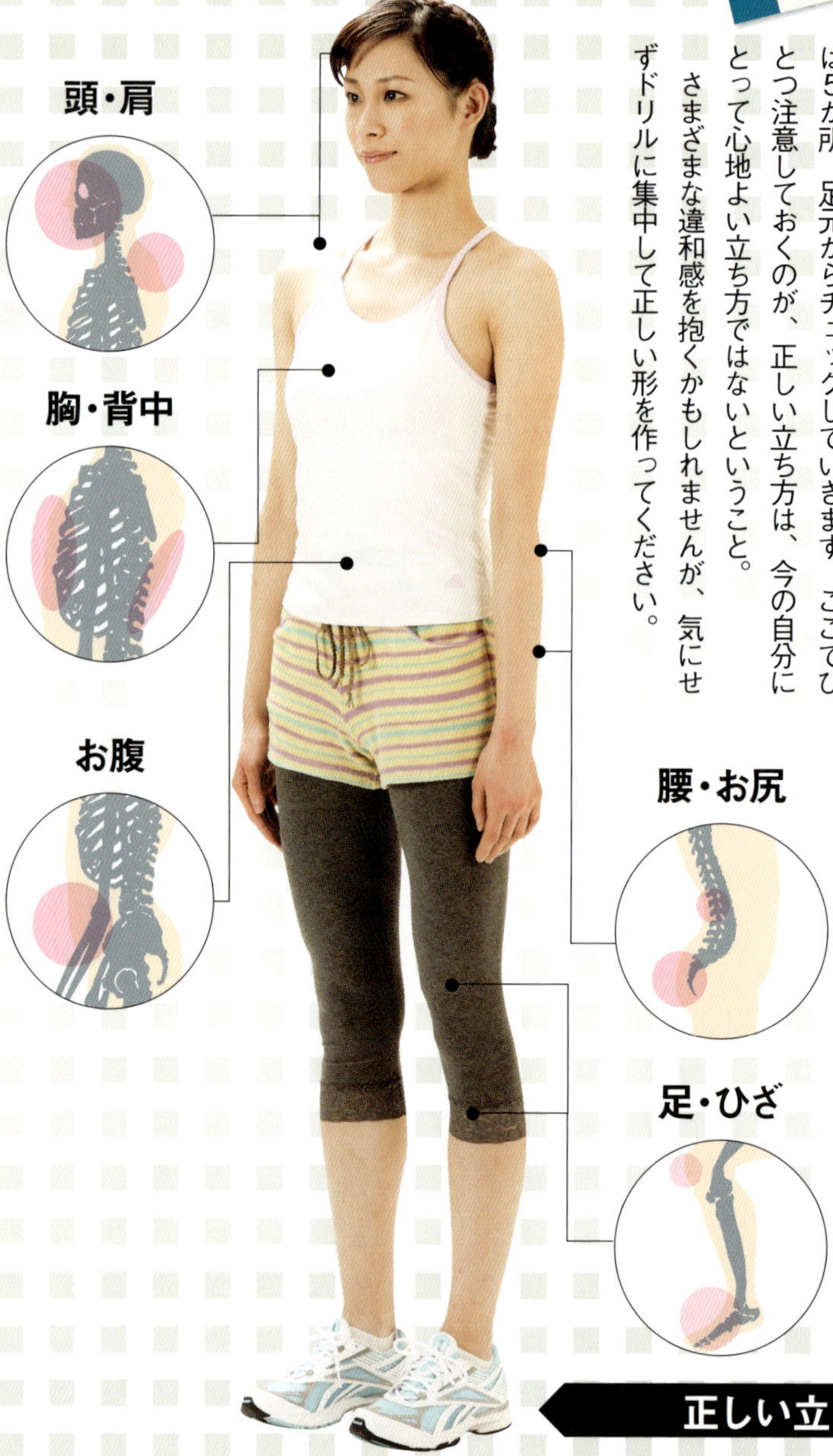

正しい立ち方

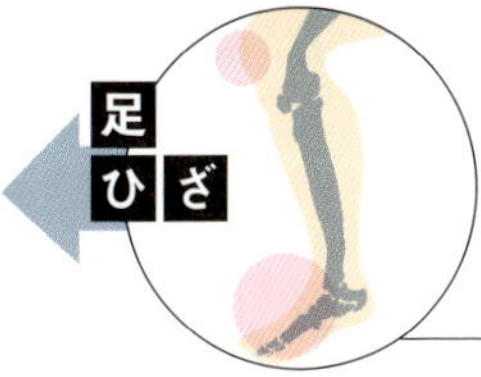

まずはやってみよう！

Balance drill ▶

バランスドリル

ゆらゆらと揺れます。おへその下あたりを意識してカラダ全体で右、左と何度か繰り返してみてください

おへその下を押さえてスッと立ってください。これで左右均等に体重がのった状態で立てればOKです

無意識に立ったときに、どちらかの足に重心がかかっている人が非常に多いので、この動きで、左右の足に均等に体重がのっている感覚を身につけるのが目的です。

こんな感覚得られましたか？

重心がブレると上半身と下半身が別々に動いてしまいます。全身が一本の棒になったイメージで右足、左足と体重をのせてください。繰り返していくとおへその下あたりに力が集まっているように感じてくるはず。この感覚がつかめれば、多少押されてもびくともしません。電車に乗って車両が揺れてもぐらつかなければ、きちんとできている証拠です。

《 次のページで正しい形かチェック！

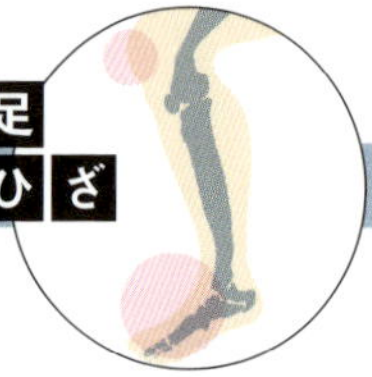

RULE

左右の足で均等に大地に立つ

内股、がに股

骨格あるいは筋力など、原因はさまざまですが、内股は太ももの外側、がに股は内側を意識しながらひざ頭が前を向くように立ちましょう

NG ×

足を肩幅くらいに開き、体重を左右均等にのせてまっすぐ立ちます。左右のバランスがくずれているとカラダ全体の重心がブレてしまいます。靴底の減り具合が左右で違う人は、確実にバランスがくずれている証拠。バランスドリル（21ページ参照）を反復するなど、つねに均等に立つことを意識してください。

》Check Point》

- 足は肩幅くらいに開く
- 足先はまっすぐ正面を向くように
- 体重を左右均等にのせる
- ひざ頭はまっすぐ前

やってみました！❶

KIN's Eye

彼の場合は下半身に問題がたくさんありますね。まずは足元。Beforeを見ればわかるように、少し開いています。彼の場合、太もも内側（内転筋）が弱いせいでどうしても開いてしまうのです。ももの間に拳をはさんでギューッと押さえつけて、筋肉の使い方を意識させます。これで足を平行にそろえやすくなります。ここらへんは運動経験のなさが響いているのでしょう。どんな運動でも脚を使いますから、運動を何もしていないと脚の筋肉が弱まる傾向にありますね。

歩くときに腰をあまり動かせていないので、エアフラフープ（P24参照）を行いました。最初は上半身ごと動いてしまいましたが、10回、20回と続けることでだんだん腰だけを動かせるようになりました。これで足がそろい、骨盤も前傾できました。あとは、肩のバランスがおかしいのを修正して、立ち方の完成です。

歩きもやっぱり下半身。腰から脚を動かせていないため、ツイスト運動（P80参照）で、腰の回りを改善します。あとは、肩から歩くことを意識することで、下のように変わりました。

下半身に問題あり

Sports Career	
坂本博之さん（25歳）	運動部経験がなく、高校を卒業してから7～8年カラダを動かしていない

腰
お尻

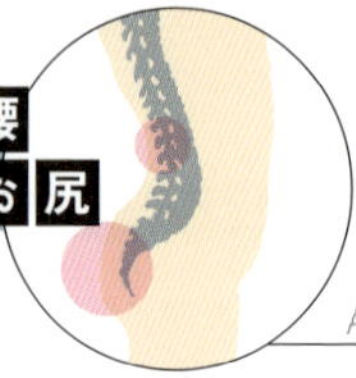

まずはやってみよう！

Air Hula-Hoop

エアフラフープ

1

腰に手を当ててグルグルと回します。右回り、左回り各20秒ほど行います

2

最初はうまくいかなくても何度か回していると、動かせるようになります

こんな感覚得られましたか?

頭の位置を変えず、腰だけグラインドさせるように回す感覚があればOK。写真のように上半身が大きく動かないよう注意してください。

NG×

腰は上半身と下半身をつなぐ大事なポイントです。猫背の人はここが動かず、ひとつのかたまりのようになっています。腰を上手に使うことができれば、脚がスムーズに出て、力をあまり使わずに歩けます。そのためにもこの動きで腰をやわらかくしましょう。

《 腰周辺がやわらかくなったら正しい腰の傾きを作ってみましょう

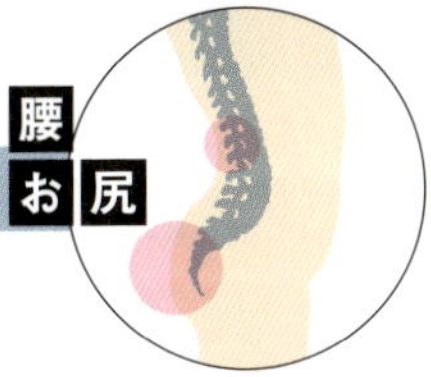

Check it up! ☑ 確認してみよう!

RULE

骨盤を前傾させて背すじをピン

お尻に力が入っていない

骨盤が後ろに傾いているとお尻に力が入りません。骨盤を前傾させるとお尻に軽く力が入るので、触って確認しましょう

NG ×

腰を軽く前に傾け、お尻に少し力が入った状態が理想。これは骨盤を前に軽く倒すことで作れます。この姿勢はエアフラフープのあと、腰を前後に動かして骨盤を動かすと感覚がつかめるので、軽く前傾させてみましょう。慣れないうちは違和感があるかもしれませんが、この形をキープしてください。

》Check Point》

- 骨盤が前傾している
- お尻(大臀筋《だいでんきん》)に自然と軽く力が入っている

やってみました！❷

KIN's Eye

さすがにいろいろと運動しているだけあって、あまり悪い部分はありません。ただ、背中が少し反っていて、骨盤が後傾している感じです。話を聞いてみると腰痛があるようで、痛みのために少し乱れてしまっているんですね。

そこで、まずは腰のストレッチです。エアフラフープ（P24参照）や腰の緊張をやわらげる動きで、骨盤の意識を取り戻します。元々の姿勢がいいので、これで痛みさえ取れれば、きれいな形に戻ります。立ち方のBeforeとAfterで、骨盤の傾きが変わっているのがはっきりわかります。

続いて歩き方。骨盤はよくなりましたが、痛みの影響からか、肩が少し硬くなっています。そこで、肩甲骨はがし（P32参照）を行って、動くようにしました。これで歩きも改善されました。

断続的に運動していても、痛みを感じるとどうしてもそこをかばってしまうので、だんだん姿勢が乱れるんですね。でも、乱れ始めなら少し調整するだけですぐに美しい姿勢に戻せます。

腰痛で後傾する骨盤

Sports Career	中学ではテニス部、高校ではダンス部、さらに現在もキックボクシングとボクササイズを週一で行っている
添島清香さん（25歳）	

内部を知る ～骨盤編～

骨盤透視図

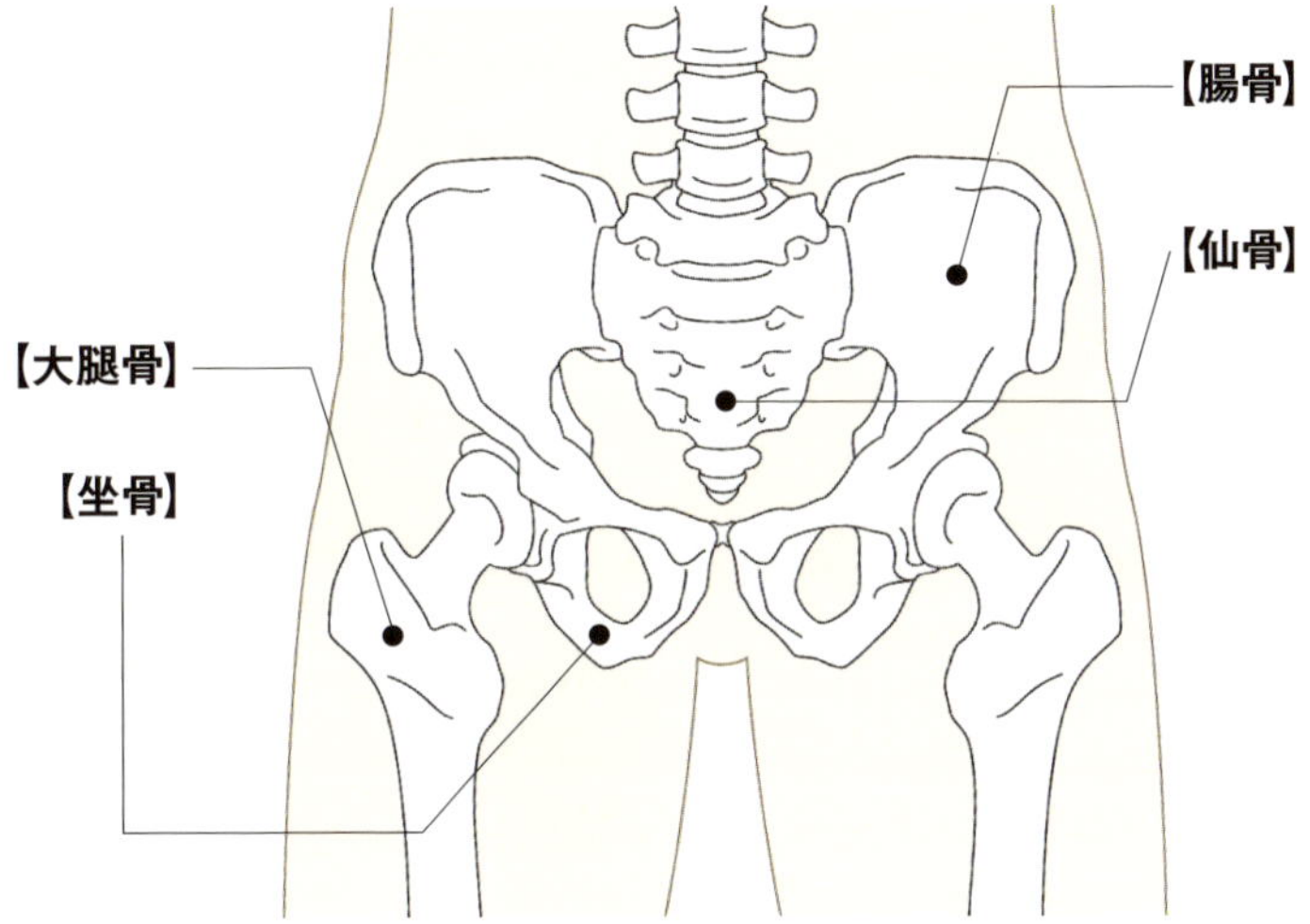

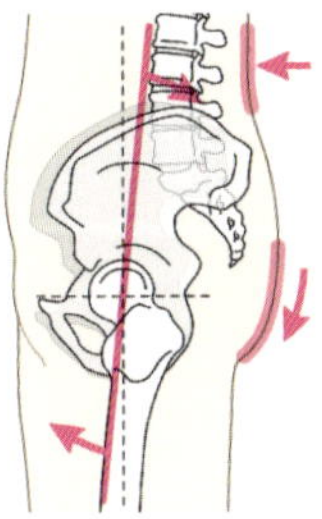

✕

このように後傾していると背骨がゆがむなど全身に悪影響をおよぼしうまく走れなくなる

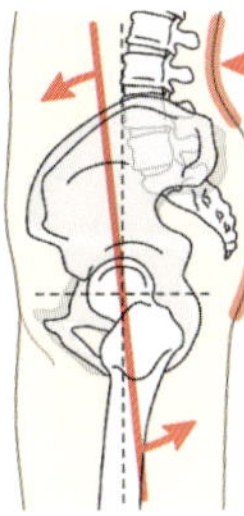

○

前傾させるとお尻がキュッと上がり背骨も正しい位置に戻り、美しい姿勢に

姿勢を作る要となる部位

骨盤とは、腰部にある仙骨《せんこつ》、腸《ちょう》骨《こつ》、坐骨《ざこつ》などの総称です。骨盤は腸や生殖器を守っている骨で、姿勢を作るうえでも重要な役割を担っています。

よく「骨盤がゆがむ」などといわれますが、これは、これらの骨どうしをつないでいる筋肉や靭帯《じんたい》がゆるみ骨が、ずれたりねじれたりした状態のまま固まってしまっている状態をいいます。

骨盤はカラダの中心を支えている要《かなめ》なので、小さな異常でも全身に伝わり、姿勢が乱れてしまいます。また、ゆがんでいると内臓を圧迫してしまうこともあるため、健康を阻害しかねません。

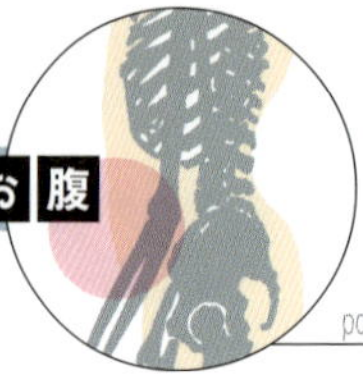

まずはやってみよう！

position confirmation drilll

丹田位置確認ドリル

1

このように寝た状態から、両足、上半身を上げていきます

2

Vの字になってカラダを安定させると下腹部に力が入る。ここが丹田。触って確認を

こんな感覚得られましたか?

丹田に力が入っていることを確認しこの感覚を覚えてください。上の方法が難しければ連続ジャンプや21ページのバランスドリルでも丹田に力が入るので、触って確認してみてください。

背中や肩がこっている人ほどそこに力が入り、重心が高くなり、フラつきやすくなります。丹田に意識をおくことで重心を下げられ、カラダがしっかり安定するので、まずは丹田がどこにあるのかを上のドリルで覚えましょう。

《 丹田に力が入るとカラダがどう変わる?

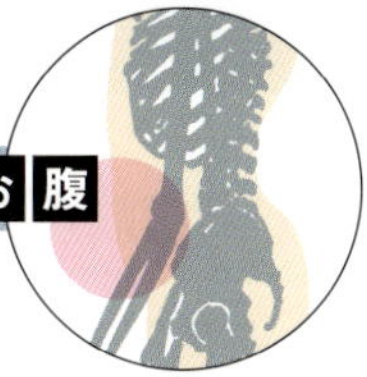

お腹

Check it up! 確認してみよう!

RULE

丹田を意識してブレないカラダに

丹田を意識できると重心が安定し、どんな動きをしてもカラダがブレずに動かせます。右ページで丹田を意識する感覚がわかったら「カラダの中心はここ」と思いながら立ってください。不思議なことに、意識を向けるだけで丹田あたりの腹筋に軽く力が入ってカラダが安定します。

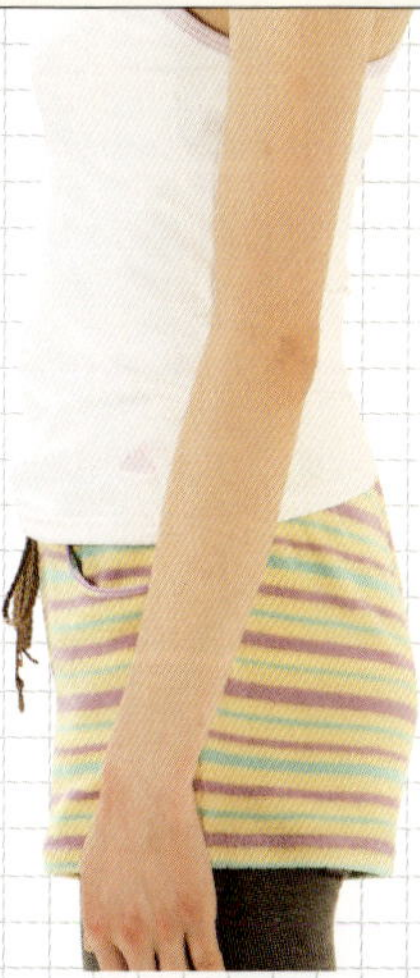

お腹に力が入っていない

微妙ですが、お腹の力が抜けているとこのようにだらりと立っているように見えてしまいます。カラダはお腹と背中の、両方の筋肉で支えましょう

NG×

»Check Point»

- 丹田の位置を確認
- 丹田に意識を向けたとき腹筋に軽く力が入る
- お腹と背中の両方でカラダを支えているように感じられる

やってみました！③

KIN's Eye

まずは腹筋ですね。６年間運動から離れたせいで、腹筋全体の力の入れ方を忘れてしまったようです。腹筋に力が入らないと重心位置も定まりません。彼女の場合は重心がかなり上ですね。そのせいで、腰から下が安定せず、ダラダラとした歩き方になってしまっています。そこで、まずは腹筋を意識して大きくジャンプ。これを連続で行うと腹筋の力の入れ方がわかります。続いて**足の上げ下ろし（P70参照）**を。これも腹筋に有効な動きです。

テニス経験者は、太ももの力が強く、お尻の筋肉が弱くなる傾向にあります。そこでお尻の筋肉の使い方も覚えてもらいました。うつ伏せになって**足の上げ下ろし（P73の動きで同様の効果あり）**を行います。弱い筋肉への意識づけですね。運動していただけあって、これだけでカラダの感覚は呼び戻せたようです。

歩き方は「肩甲骨を引いて歩く」と教えただけですが、このように大きく変わりました。元々運動していて、ブランクで姿勢が乱れていただけなので、少しきつめの動きでカラダの動かし方を呼び戻せたようです。

腹筋をよみがえらせる

Sports Career	
市来知純さん（24歳）	中学、高校とテニス部に所属。以後6年間、運動から離れた生活を送り「そろそろ何かやらないと」と思案中

内部を知る ~丹田編~

丹田位置

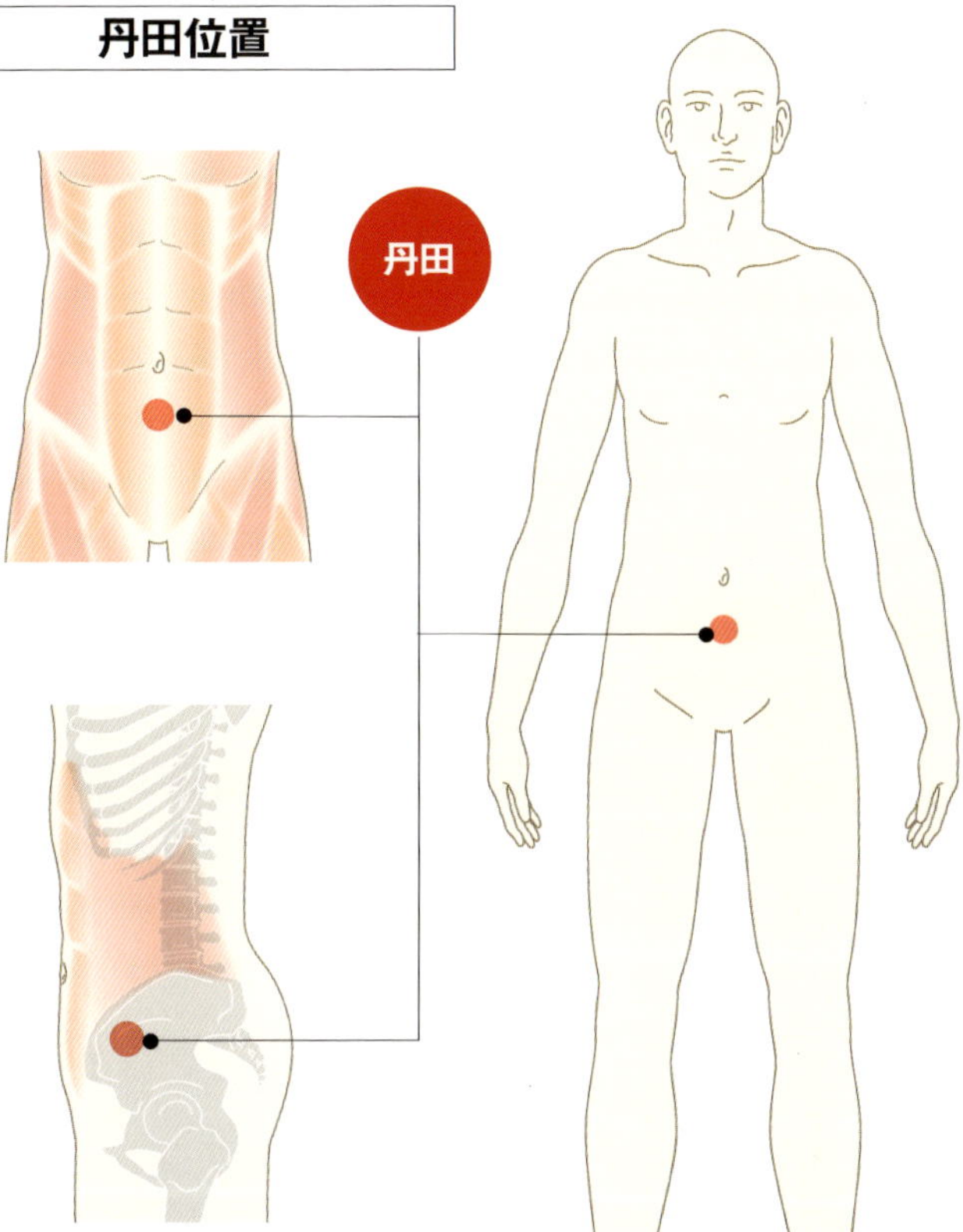

筋肉図であらわすと腹直筋の下あたりでカラダの少し内側が丹田。物理的に力を入れるのではなく、この位置を頭に思い浮かべ「ここに力が集まっている」と意識するのがポイント

カラダの中心。それが丹田

丹田とは、ヨガや呼吸法などで用いられる「気を集める場所」です。解剖学的に該当する部位はありませんが、カラダの中心とされ、現在ではスポーツの分野でも幅広く用いられている概念です。

丹田には、頭頂部にある「頂丹田」、眉間《みけん》にある「上丹田」、心臓の下の「中丹田」、へその下にある「下丹田」と数多くありますが、本書では下丹田に限定し「丹田」と表記します。

この位置を覚え、意識を集める感覚をもつことで、カラダが安定したり、呼吸が深くなったりと、さまざまな効果が実感できます。これは走りのフォーム作りで重要な役割を担うので、しっかりと覚えましょう。

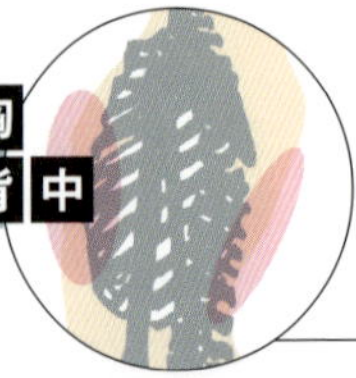

胸 背中

まずはやってみよう!

Scapula ▶

肩甲骨はがし

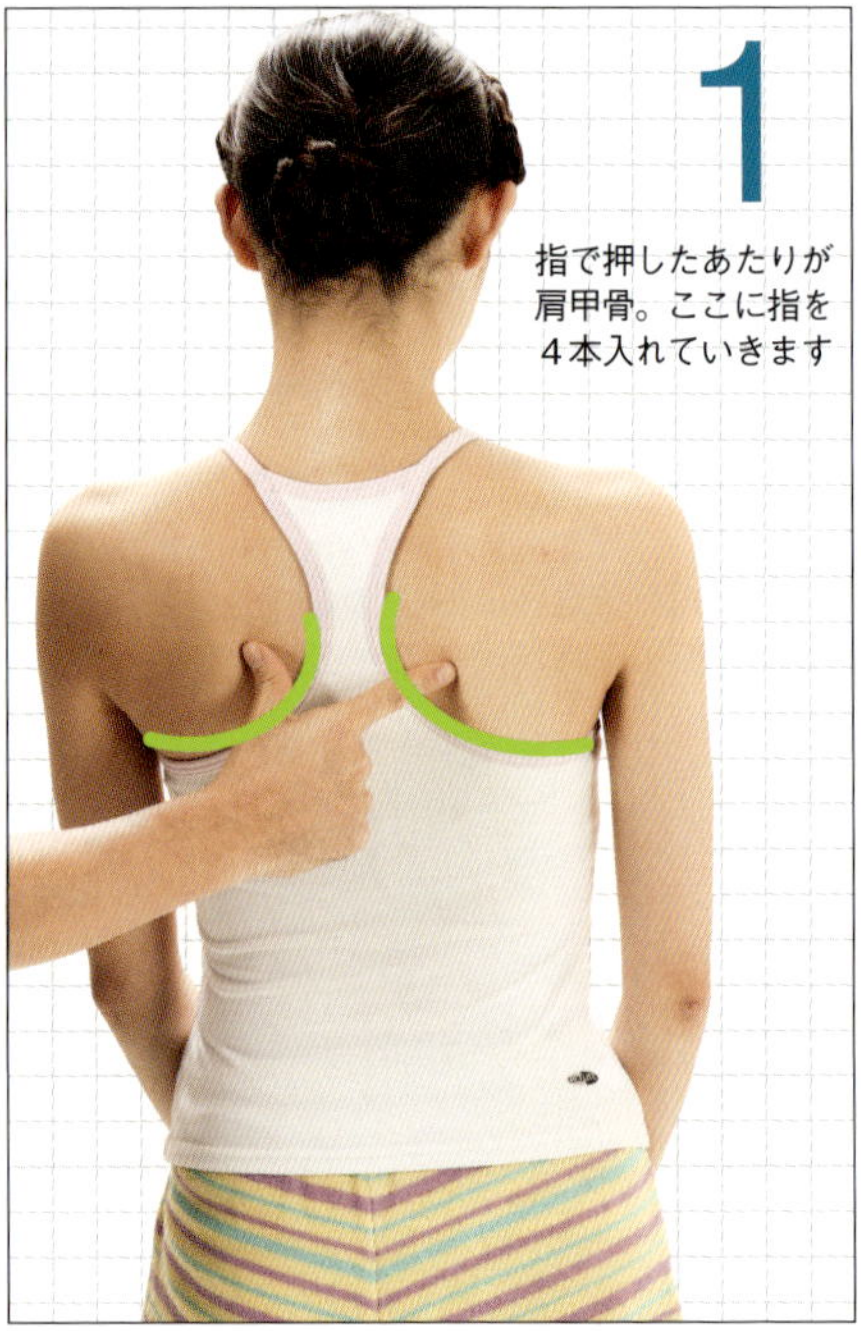

1

指で押したあたりが肩甲骨。ここに指を4本入れていきます

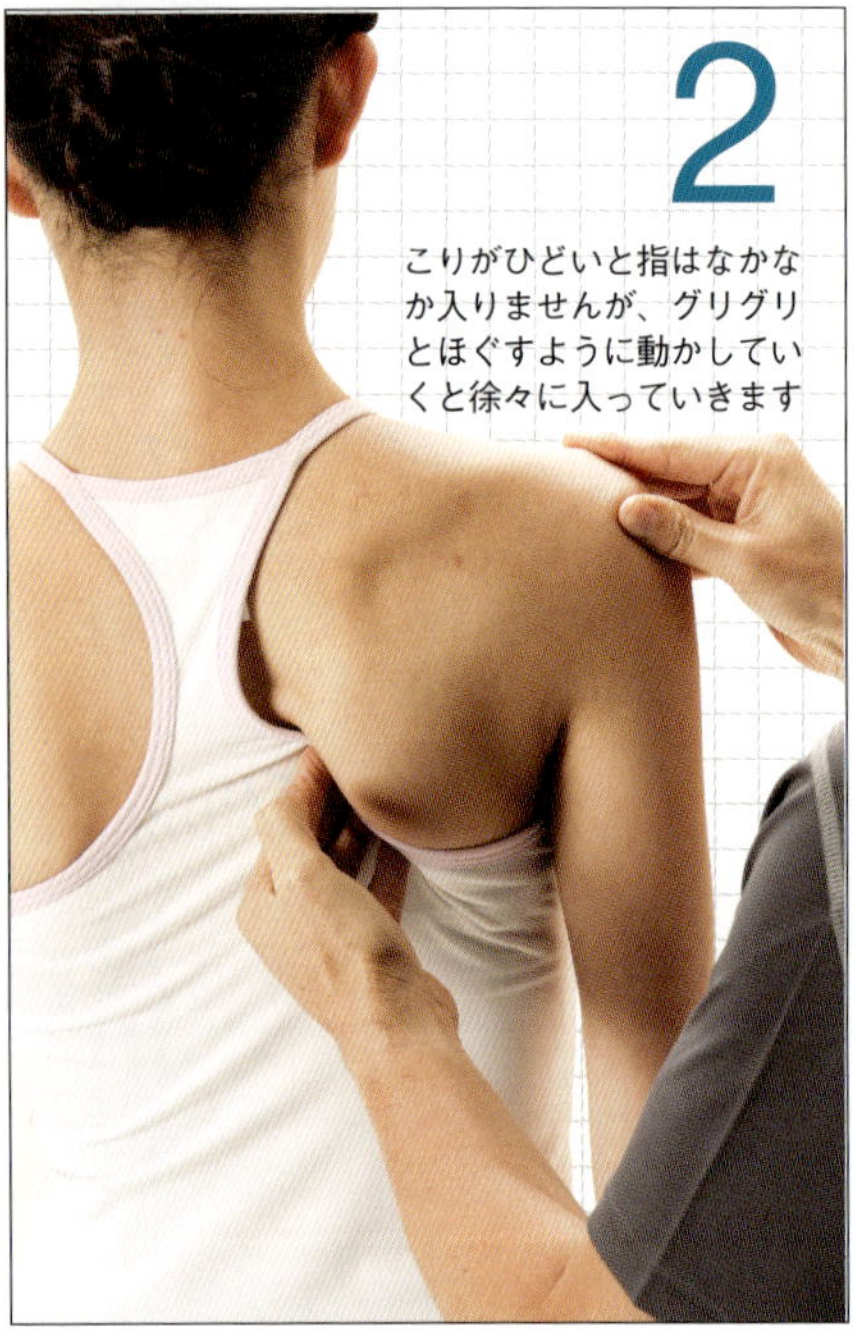

2

こりがひどいと指はなかなか入りませんが、グリグリとほぐすように動かしていくと徐々に入っていきます

背中のポジションを正すときのポイントとなるのが肩甲骨。しかし、運動から離れている人の多くは、肩甲骨を動かせなくなっています。背中は動きの起点です。誰かに手伝ってもらって、こりをほぐしましょう。

こんな感覚得られましたか?

こりがほぐれてきたら、手を上げてひじを斜め後ろに下げていく動きを行ってみてください。このとき、写真のように肩と肩の間がせばまっている感覚を得られればOKです。

《 こりがほぐれて背中を引き寄せる感覚がわかったら次へ

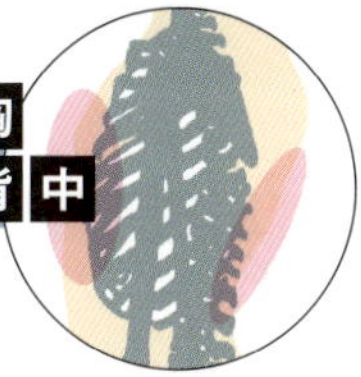

Check it up! ☑ 確認してみよう！

NG×

背中が反ってしまう

「胸を開く」「背すじを伸ばす」というと、背中を反らせる人がいますが、こうすると上半身を動かしにくくなるので注意してください

RULE

肩甲骨を引き威風堂々と立つ

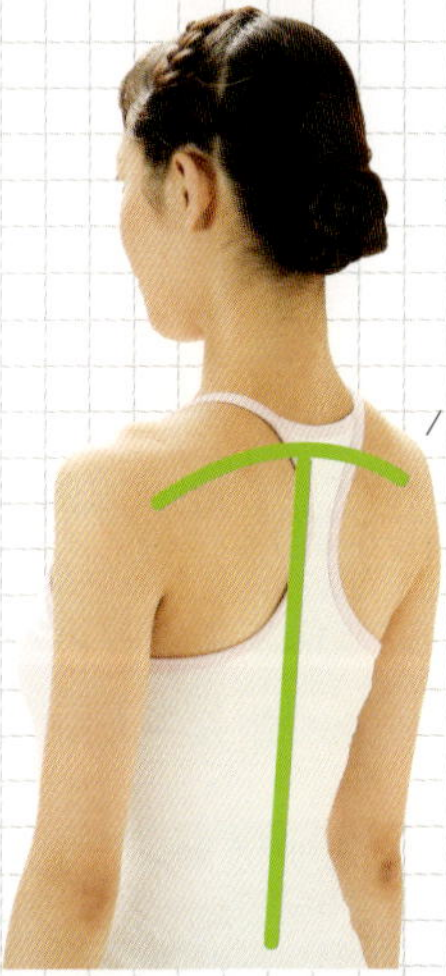

背中と胸の形は「肩甲骨を軽く引く」動きを行うことで完成します。肩甲骨を後ろに軽く引き、右ページで得た肩と肩の間がせばまる感覚になれば、この形になっています。

肩こりのひどい人は肩甲骨はがしや背中を引き寄せる動き、Part2で紹介する肩のストレッチを行ってみましょう。

》Check Point《

- 背中をせばめる感覚をつかむ
- 肩を軽く引き、胸を開く
- 背中を無理に反らさない
- 骨盤、丹田への意識も忘れずに

やってみました！❹

KIN's Eye

誰が見てもわかるとおり猫背ですね。こういう人は背中が動かない傾向にあります。そこで背中のストレッチを念入りに行いました。**肩をグルグル回す（P62参照）**など数種類のストレッチを５分ほど行い、肩甲骨を動かせるようにしました。ただ、猫背の姿勢に慣れているあまりに、どうしても肩に力が入ってしまいます。そこで今度は**肩ほぐし(P37参照)**。これで、重心も丹田まで下がり、ずいぶん変わっていきました。あとは**骨盤を少し動かし（P24参照）**、骨盤を前傾させる感覚を知ってもらったら、立ち姿の完成です。

比べると、あきらかにお腹がへこんでいるのがおわかりでしょう。きちんとした姿勢をとると、お腹のふくらみも目立たなくなるんです。

歩きにも猫背の影響が出ています。お腹の力がうまく使えないため、どうしても後ろ重心になりやすいんですね。こういうときは**ズボン引っ張り（P67参照）**をすると自然とお腹に力が入っていきます。

猫背の人は、お腹の力が抜けていないか、ときおりチェックしてみるとよいでしょう。

猫背をなおす

Sports Career	
松本幹雄さん（54歳）	学生時代こそスポーツに励んでいたものの、もう30年も本格的な運動はしておらず、自他ともに認める猫背

やってみました！ ❺

KIN's Eye

運動の苦手な人の多くが背中を動かせないので、もう一例ご紹介します。

彼は本当にひどい。すごい肩こりです。こり固まって、まるで肩が動きません。**肩甲骨に指を入れようとしても（P32参照）**まったく入らない。肩が使えずお腹の力も抜けているせいで、後ろに引っ張られるように立っています。

こういう人はとにかく肩のマッサージです。本書でもいろいろなマッサージを紹介していますが、それらを駆使して15分くらいかけて少しずつほぐしていきます。そして、丹田の位置を正し、骨盤を前傾させて立ち姿の完成です。

歩き方も肩こりのひどさがあらわれています。腕が振れないから、脚だけでちょこちょこと小さな歩幅で歩いています。そこでまた、肩のマッサージです。立つだけなら、多少、肩甲骨を引ければ美しい立ち方は作れますが、歩きともなると、もう少し動かなければ美しいフォームは作れません。さらにマッサージを行い肩をもっと動くようにして、歩いてもらいました。歩幅が広くなって、ダイナミックに歩く感じが写真からうかがえます。

肩こりを軽減

Sports Career	
大坂賢志さん（25歳）	運動歴なし。さらに、7年ほど定期的な運動もしていない。デスクワークのためか肩こりがひどく、痛みで目が覚めるほど

内部を知る ～肩甲骨編～

肩甲骨と周辺筋肉

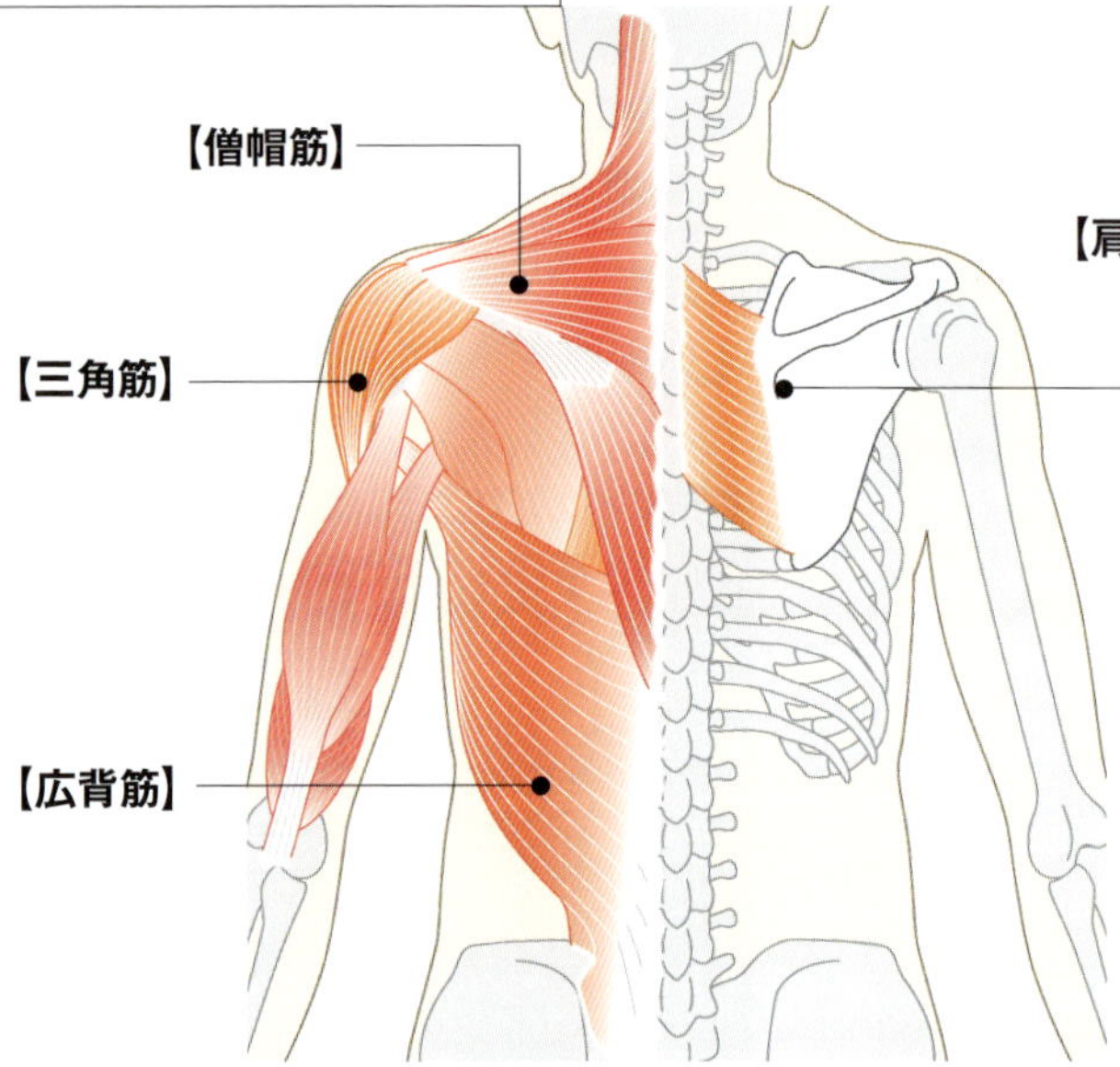

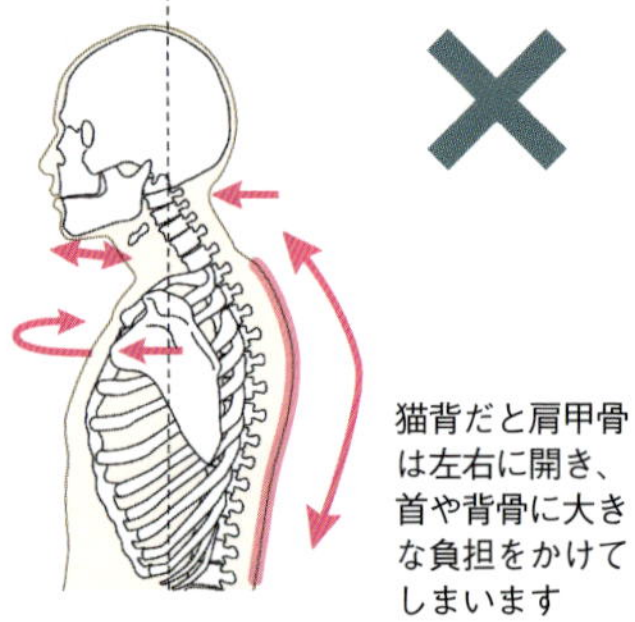

猫背だと肩甲骨は左右に開き、首や背骨に大きな負担をかけてしまいます

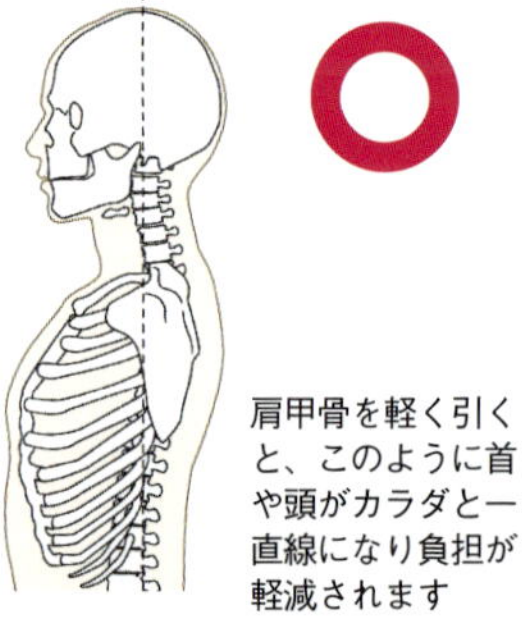

肩甲骨を軽く引くと、このように首や頭がカラダと一直線になり負担が軽減されます

パフォーマンスの向上には欠かせない

肩甲骨は甲羅のような形をしていて、腕を動かすときの起点となる骨です。ほかの骨と違い、筋肉で支えるようについていて、これにより、複雑に動ける特徴をもっています。

たとえば、腕を前方に伸ばした状態から肩を前に突き出すことで、手がより遠くに届くのも、肩甲骨が固定されていないからこそできる動きです。

どんな動きでも腕は必ず使います。そのため、肩こりなどで肩甲骨の動きが鈍くなると、すべての動きに悪影響をおよぼすことになってしまうので、肩のストレッチは日常的に行うのが理想です。

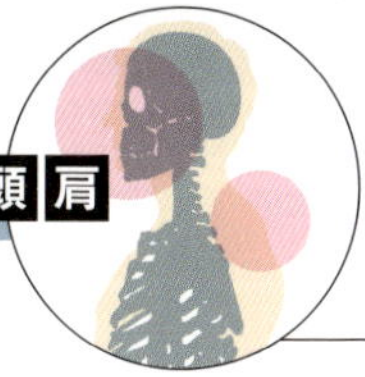

まずはやってみよう！

Shoulder

肩ほぐし

1

両肩を同時に上げます。ギューッと力いっぱい「これ以上無理」というところまで上げてください

2

上げきったら、ストンと肩の力を抜く。このときの肩の高さがその人の正しい位置です

肩で気をつけることは、リラックスしているかどうか。肩がこっている人は無意識に肩にガチガチ力が入っているものです。一度、思いきり力を入れれば肩の緊張が解けてリラックスした感覚を得られます。

こんな感覚得られましたか？

肩こりのひどい人は、写真のように緊張からか肩が少し持ち上がった形になっています。肩ほぐしを3回ほど行うと緊張が解けるので、このときの脱力する感覚を忘れないようにしましょう。

《 肩の力を抜いて立って、最終確認！

RULE

いつでも肩をリラックス

肩の傾き

荷物はいつも右手で持つなど、負荷を一方にばかりかけていると、片方だけこりがひどくなり、このように傾いた形になってしまいます

NG×

頭と肩のポイントは、しっかりと平行になっているか。これは実際に自分の目で見て確かめるのがいちばんです。これまで紹介した、足から背中までの動きを行えば頭はまっすぐにカラダの上にのり、左右の肩も写真のように平行になっているはずなので、鏡でまっすぐかどうか確認してみましょう。

Check Point

- できているかは鏡で確認
- 肩の力は抜けているか
- 頭はまっすぐカラダの上にのっているか
- 左右の高さがそろっているか

やってみました！❻

KIN's Eye

うーん、完全に曲がってますね。曲がって縮こまったような感じ。もう首なんか埋まっちゃってます。こういう人もまずは背中からです。**肩甲骨はがし（P32参照）**や各種ストレッチを行って肩甲骨が動くようになりましたが、カラダ全体がギュッと緊張したようになっているので、今度はカラダの力を抜いていきます。

すばやく連続ジャンプを行います。これで、カラダの緊張はだいぶほぐれてきました。その成果はAfterで少し首が出てきたのを見ればわかるでしょう。

さらにカラダも曲がってるので矯正します。**体幹をひねる動き（P64参照）**でバランスをととのえ、あとは肩の傾きを微調整。これで堂々としたよい立ち方に変わりました。

そして歩き方。まずは少しその場で足踏みしてもらいながら、**全身を使う歩き方（P78参照）**を解説し、脚ではなく腰から進むように歩いてもらうことでAfterの歩き方になりました。まだ硬さは少し残っていますが、骨盤の角度などを見るとその違いはよくわかると思います。

固まったカラダをほぐす

Sports Career	中学、高校とソフトテニス部だったが、その後はとくに何もせず、背中や肩にだるさを感じる今日このごろ
鎌田翔さん（22歳）	

3つの部位を意識した立ち方が基本

「気づき」が気持ちいい歩き・走りのスタートライン

ここまで、ただ立つことだけを紹介してきましたが、これにはもちろん大きな意味があります。

美しい立ち方は、美しく歩く・走るための基本なのです。つまり、この立ち方の基本を崩さずに動ければ、美しい歩き、走りになるのです。

そこで、日ごろから立ち姿勢に注意して生活をしていただきたいのですが、いちいち足元から確認していくのは少々めんどう。これまでは今のカラダの状況に気づくため、細かい部位まで見ていったにすぎません。実際に美しい立ち方を作るには、コアとなる3つのポイント（左ページ参照）を押さえるだけです。

はじめのうちは「形がうまく作れない」「やってみたけどしっくりこない」でしょうが、大切なのは自分のカラダの弱点を知ることです。「肩の動きが悪い」「骨盤の動かし方がよくわからない」といったことに気づければ充分です。

Ｐａｒｔ2では、日常生活でカラダを目覚めさせるメソッドを紹介します。立ち方を含むふだんの姿勢に気を配りつつストレッチや筋トレを、苦手な部位を中心に行うことで、カラダは正常な状態に戻っていきます。徐々に正しい立ち方にもなじんでくるので、安心して続けてください。

最終確認

お腹、背中、腰を意識する

ゆがんだ立ち方でも、お腹、背中、腰の形を作るだけで、背骨がなだらかなS字を描く美しい立ち方に変わります。最初はひとつずつ確認しながら行いましょう。慣れれば「スッ、スッ、スッ」とすばやく形を作れ、最終的にはこの立ち方が自然にできるようになります。

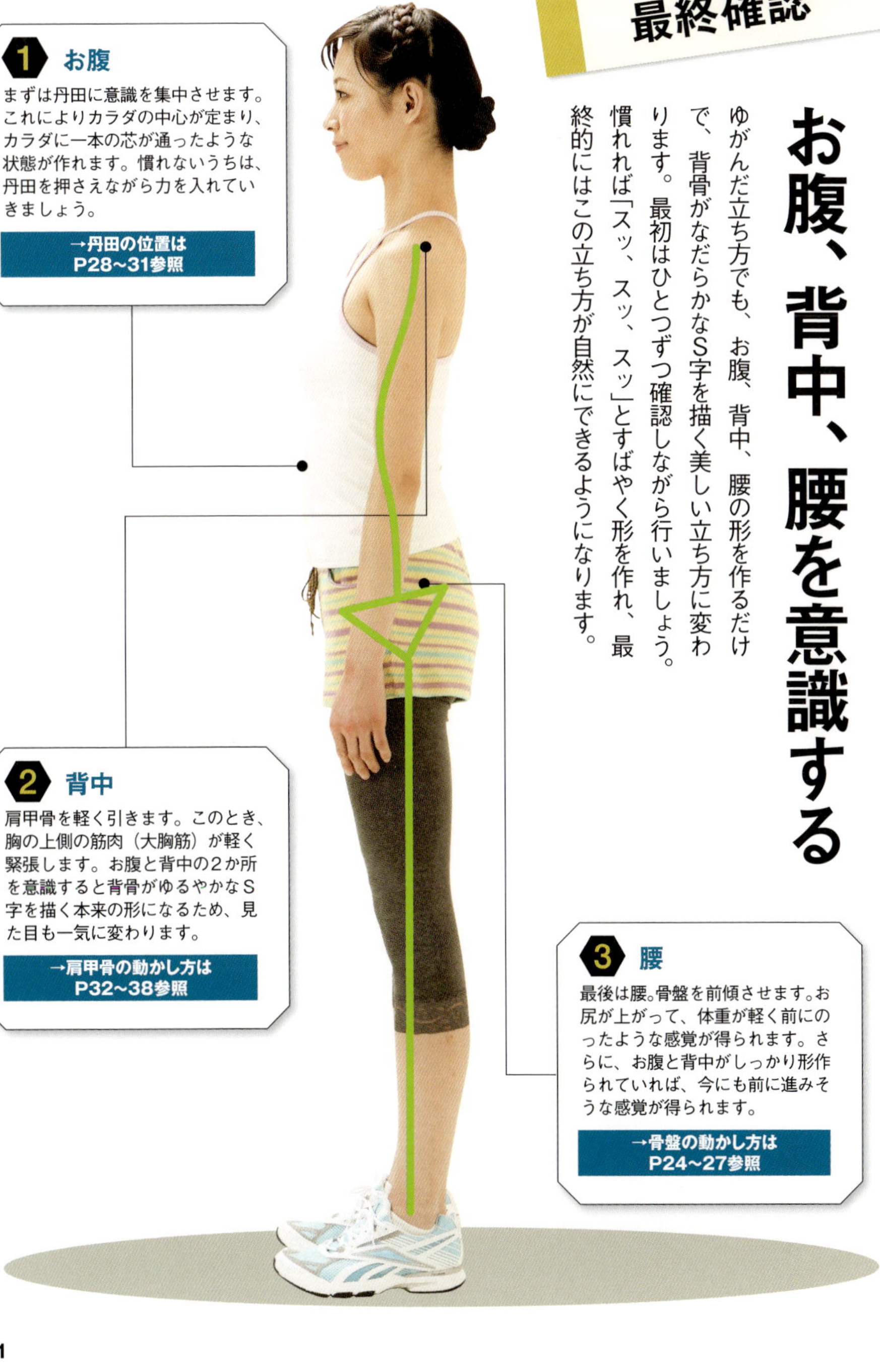

1 お腹

まずは丹田に意識を集中させます。これによりカラダの中心が定まり、カラダに一本の芯が通ったような状態が作れます。慣れないうちは、丹田を押さえながら力を入れていきましょう。

→丹田の位置は
P28～31参照

2 背中

肩甲骨を軽く引きます。このとき、胸の上側の筋肉（大胸筋）が軽く緊張します。お腹と背中の2か所を意識すると背骨がゆるやかなS字を描く本来の形になるため、見た目も一気に変わります。

→肩甲骨の動かし方は
P32～38参照

3 腰

最後は腰。骨盤を前傾させます。お尻が上がって、体重が軽く前にのったような感覚が得られます。さらに、お腹と背中がしっかり形作られていれば、今にも前に進みそうな感覚が得られます。

→骨盤の動かし方は
P24～27参照

CLOSE UP 1

ヒールで美しく歩く

ヒールは普通の靴に比べると足元が不安定になりやすいので、お腹と腰の形をしっかりと作って、カラダを安定させなければいけません。写真の彼女の場合、ヒールを履き慣れているせいか決しておかしな歩き方ではありませんが、着地の瞬間にあきらかに後ろ重心になっているのがわかります。

この原因はお腹にあります。そこで、丹田の意識づけを行い、そのあとで骨盤の前傾を教えました。こうしてできたのがAfterの歩きです。着地した瞬間を比べるとあきらかに重心の位置の違いがわかります。

本人は「お尻が出ているような気がする」と言っていましたが、写真を見ればわかるとおり問題なく、ヒールでも美しく歩けるようになっています。

着地の瞬間で重心が後ろにあることがはっきりとわかります

このように美しく歩けば、ヒールを履いても重心はしっかり足の真下にあります

Part 2

3STEPでカラダが□□□□□

「目覚める」

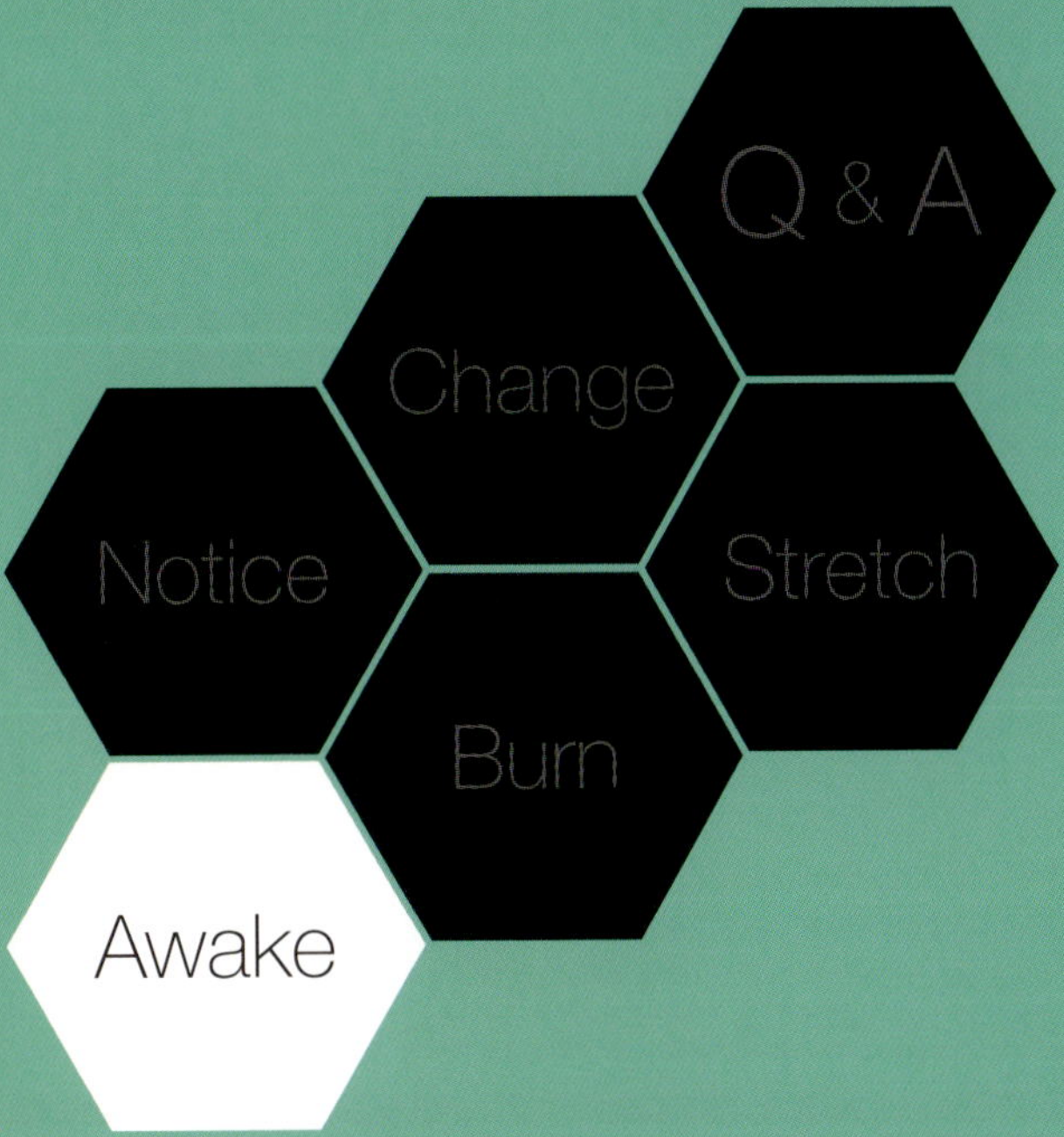
Q & A
Change
Notice
Stretch
Burn
Awake

Walking & SlowRunning Methods
by Tetsuhiko Kin

カラダが「目覚める」しくみを取り入れよう

日常で作ったクセは日常でなおす

「疲れやすい」「運動が苦痛に感じる」こんな気持ちを生み出す元となっているカラダのクセ。このクセは日常のささいな動作や姿勢からついてしまったものなのです。

たとえば、背中を丸めて長時間パソコンを使っている人がいるとします。すると背中はこの姿勢でこり固まり、猫背になりやすくなります。猫背になると背中側でカラダを支えてしまい、腹筋を使わなくなります。腹筋を使わなくなると、骨盤が後傾しやすくなります。くわしくはＰａｒｔ３で紹介しますが、本来歩くことは全身運動です。ですが、これらの部位が正しく動かないと、全身ではなく脚の力だけで歩いてしまうことになります。

多少、大げさに聞こえるかもしれませんが、昔より姿勢が乱れた人がはるかに増えているように思います。デスクワークが増えたこと、交通機関の発達、家事労働の機械化……、日常生活のなかでカラダを動かす機会が減っているからでしょうか。

姿勢が乱れてカラダの一部が動かない、動かせない。これはいわばその部位のスイッチがオフになり、スリープ状態になっているようなものです。

そこでこのＰａｒｔでは、日常から姿勢を意識し、ふだん使っていない筋肉に刺激を与え、徐々に眠っている筋肉を起こしていく３ＳＴＥＰメソッドを紹介します。これを行えば、乱れた姿勢で過ごす日常のマイナスをプラスに変えられ、カラダの悪しきクセもどんどん解消されていきます！

【3週間で変わるあなたのカラダ】

トレーニングの詳細はP48で紹介しますが、これを続ければカラダは良い方向へどんどん変わっていき、さまざまな実感が得られます。自分でもはっきりわかるほどの大きな変化は３週間ほどで訪れますが、その過程でも小さな変化を感じることができます。ここで紹介するプロセスを大切にして大きな実感を得られるまで、まずはがんばってみましょう！

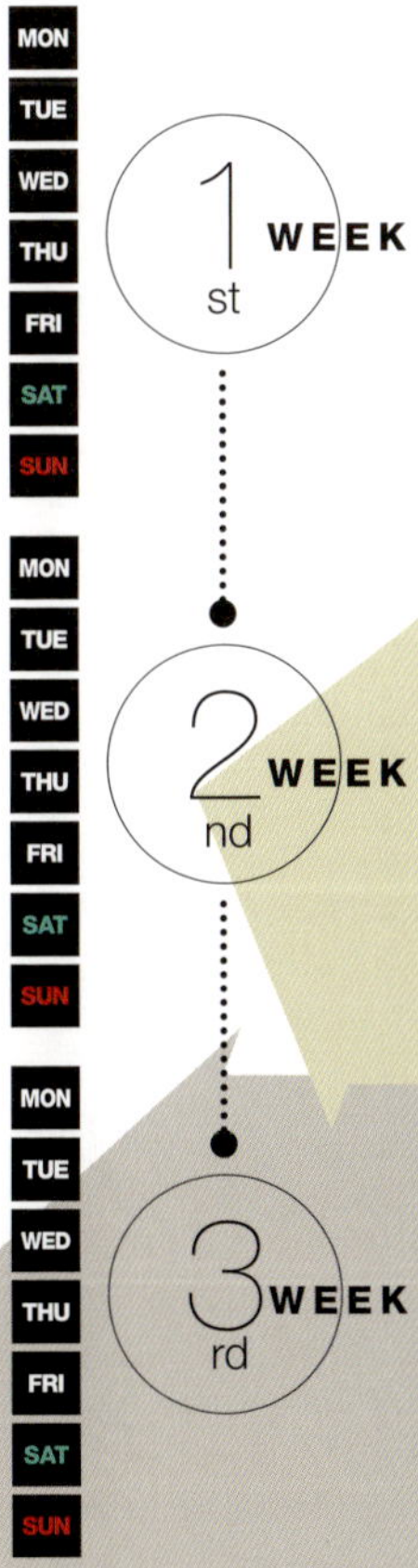
MON
TUE
WED
THU
FRI
SAT
SUN
1st WEEK
MON
TUE
WED
THU
FRI
SAT
SUN
2nd WEEK
MON
TUE
WED
THU
FRI
SAT
SUN
3rd WEEK

【違和感がなくなってくる】

姿勢を正すと、ふだんは眠っている筋肉に刺激を与えます。そのため、最初は相当強い違和感を覚えるでしょう。しかし、３日も続ければカラダも慣れて少しずつ気にならなくなっていきます。まずは違和感がなくなることを楽しみましょう。

【効能を実感する】

カラダを動かすことに慣れていないうちは、ストレッチをしても大きな変化を実感できません。しかし運動が習慣化するとともに、ストレッチの効果をはっきりと感じられるようになります。ストレッチをした部位がラクになるのです。

【大きな変化を感じる】

３週間続けると、ひどい肩こりがやわらいだり、階段の上り下りでも息切れしなくなったりするなど、大きな変化をはっきり感じられます。さらに続け、最終的にはつねに美しい姿勢で過ごせるようになりましょう！

姿勢が変わるとまわりの見方も変わる

まずは見た目が変わる

太っている人は太って見える。当たり前のことですが、正確には、太っている人は「太っている姿勢をとっている」からそう見えるのです。

たとえば、ビール腹に代表されるぽっこりしたお腹の人は、バランスをとるために背中を反らして上半身を後ろに傾けたような姿勢をとってしまいます。これでは、わざわざお腹を突き出して「太っているんです」と宣伝しているようなものです。

しかし、姿勢を正すと、わざわざお腹を強調するような立ち方にはなりません。

Ｐａｒｔ１の「やってみました！」で、姿勢を正したあとはあきらかにお腹の厚みがなくなって見えるのがわかると思います。これは無理にお腹をへこませているわけではありません。お腹と背中と腰を意識して立つと自然にお腹はへこむのです。

この変化は、自分よりまわりが気づいてくれます。「痩せた？」と聞かれたり、いつも以上に好印象で迎えられるなど、接する人たちの態度の違いをはっきり感じられると思います。

このように姿勢が変わると、人からの見られ方も変わってくるのです。外見だけでなく、声や態度など、あなたが発するものすべてに連動していきます。

姿勢の変化はカラダの内部だけでなく、あなたを見る周囲の目まで好転させます。これもカラダを目覚めさせる大きな楽しみのひとつなのです。

Column

さらに若返ったように見える

運動が苦手な人の多くは背中を丸め、狭い歩幅で歩いています。この動きは腰の曲がったお年寄りと同じ。そのため、実年齢以上に年をとっているように見えてしまいます。しかし、姿勢が改善されれば背すじが伸びて歩幅も広がり、スタスタと歩くようになるので、若返ったような印象を与えられます。

こんな変化でまわりの視線が変わる

[声にハリが出る]

ハリのある声とは、意識してお腹の底から声を出すことで作れます。よく「え？」と聞き返される小声の人はその回数も減ることでしょう。

[ウエストサイズダウン]

姿勢を正すと、腹筋が軽く収縮するなどの効果で、人によっては10cm近くサイズダウンします。

[デキる人の印象に]

美しい姿勢は、相手に強い印象を与えられます。さらにハリのある声で話すことで、これまで以上に説得力のある印象に変わります。

[細かいことに気づく]

姿勢を正すと顔はまっすぐ前を向きます。うつむきかげんだった人は視野が広がって、細かいことにも気づきやすくなります。

3STEPでカラダを次々に目覚めさせる

使用時間ゼロのトレーニング

ここでは、日常のなかで行う「カラダを目覚めさせる3STEP・トレーニング」を紹介していきます。最初はふだんの姿勢を「意識して」変え、各種ストレッチでカラダを「ほぐし」、最後は筋トレで足りない筋肉を「鍛えて」いく。

続けることでふだん使っていなかったカラダの筋肉が目覚めていくので、これまで紹介した自分のカラダや周囲の目の変化とともに、歩くとき、走るときにも全身を使った動きができるようになり、カラダが軽く感じられる美しいフォームも身についていきます。

このトレーニングはあえて時間をとって行うものではありません。勤務中なら、頭は仕事に向けながら、姿勢をととのえるだけ。また、仕事に煮詰まったときや息抜きに伸びをすることがあると思いますが、そのときにこのストレッチや筋トレでリフレッシュします。

つまり、これまでの生活をいっさい変えず、日常生活に組み込んでトレーニングできるのです。

乱れた姿勢はカラダにとってマイナスなので、まずはこれをゼロにします。さらにストレッチや筋トレなどでプラス要素を加えていくので、時間は使わずともその効果は絶大です。

遅い人でも3週間、運動から離れていた期間が短い人なら1週間も続ければカラダの変化を徐々に感じられるようになっていきます。変化を楽しみながらこれらのトレーニングに取り組んでください。

Column 何かと併用すれば効果アップ

トレーニングを先に紹介しているから「トレーニングを行ってから走ってください」ということではありません。ウォーキングやランニング、その他のスポーツもどんどん行ってください。運動をしながら日常の動作にも意識を向ければ、より早くカラダが目覚め、姿勢を定着させやすくなり、美しいフォームも身につきやすくなります。

STEPごとにできることを増やしていく

**最初は、美しい姿勢のポイントを覚えて、日常の生活に少しずつ取り入れていくだけ。
それを覚えたら、ストレッチも覚えていきます。
こうして、徐々に自分のできる動きを増やしていきながら行いましょう。**

STEP 3
[鍛える]
運動から離れていると、腹筋や背筋が弱まり、それで姿勢をくずしたりします。そこで、自分の弱点を補強する意味も込め、仕事をしながらでもできる筋トレでパワーアップしましょう。
STEP 2
[ほぐす]
伸びをしたり、あくびをしたりするのはカラダのどこかに異常や違和感があるからこそ。このタイミングを活かして、簡単なストレッチを行いましょう。
STEP 1
[意識する]
最初は姿勢を変えるだけです。吊り革につかまっているとき、パソコンを使っているときなど日常の姿勢が乱れやすい場面で姿勢を正すことで、カラダに正しい動きを覚えさせます。

姿勢を正す3STEPメソッド

STEP 1

立つ・座るを「意識」する

ふだんの生活から美しい姿勢で過ごしてみる

最初は日常生活のなかで姿勢を意識するだけです。「ふだんあなたはどんな立ち方、座り方をしていますか?」こう聞かれて、すぐに答えられる人はあまりいないでしょう。ふだんとくに気にしていなかったことを意識して行動することが、カラダを目覚めさせるのに大きな効果をもつのです。

これから紹介する日常生活のさまざまな動作を行う際、ポイントに注意して美しい姿勢を作ってみてください。

効果が大きい半面、カラダが硬い人やこりがひどい人は、軽い痛みや、つらさを感じることもあると思います。これは蝶番《ちょうつがい》がさびついたドアを開くと「ギーッ」と嫌な音を立てるのと同じようなもの。そういうときは、次のSTEP2で紹介するストレッチと併行してください。ストレッチは筋肉を動かしやすくする、いわばさび落としの役割を果たします。

【座る……❶】正しい座り方

姿勢の悪い人の多くは座り方も乱れています。いちばんのポイントは腰。だらりと座っている人は骨盤が寝た状態になっているのでこれを起こしてきちんと座りましょう。

NG×

このようにだらんと座ると姿勢の乱れだけでなく、見た目も悪いので気をつけてください

頭はまっすぐ前を向く

人の話を聞いているときなど、机に目を向ける必要のないときはしっかりと顔を向けましょう

足はまっすぐそろえる

足を開きすぎたり内股にしたりせず、太ももの前面にほんの少し意識を向けるようにして、まっすぐそろえてください

背もたれにもたれず背すじを伸ばす

背もたれにカラダを預けて座る人がよくいますが、これは腰痛を誘発し、見た目もよくありません。骨盤を前傾させるように意識するだけで背すじが伸び、美しい姿勢になります

【座る……②】

美しい姿勢でパソコンを使う

姿勢は「正しい座り方」と同じですがパソコンに向かっているときは、集中するあまりカラダの悪いクセが出やすくなってしまいます。モニターから目を離したときに姿勢のチェックも行いましょう。

NG×

こんな姿勢でパソコンを使っている人をよく目にします。背もたれは極力使わないようにしましょう

骨盤が寝た状態。この姿勢を続けると腰部の筋肉が弱まり、腰痛になりやすくなってしまいます

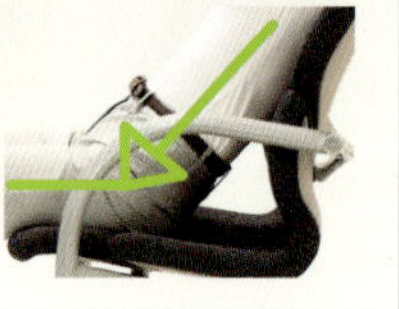

モニター、キーボード位置を調整

キーボードが遠くにあると背中を丸めてしまいがちなので、なるべく手前に置くようにしてください。モニターの位置も正しい姿勢をしたときに見やすいように調整しましょう

骨盤への意識を忘れずに

骨盤が後傾した状態で座ると、骨盤は寝ているようになります。クッとお尻に力を入れて骨盤を立たせるように座りましょう

座る……③

横着しないでものを取る

座りながら動くときも姿勢を意識します。大事なことは横着せずに動くこと。「一つひとつの動作に気を抜かない」のが姿勢でカラダを目覚めさせる大事なポイントです。

NG×

ほとんどの人が背中を丸め腕を伸ばす、このような姿勢で取っています

つねに全身を使って動く

姿勢をくずさずに遠くのものを取ろうとすると、太ももに軽く力が入ります

姿勢を正せばスラスラ書ける

机に顔を近づけてものを書く人がいます。これは目が悪いことだけが原因ではありません。上半身がしっかり安定していないから、ひじで上半身を支えているのです。骨盤を立て、丹田に重心をおけばカラダは安定するので、背すじも曲がらず、美しい姿勢で書けます。

【立つ……①】
電車の中でもしっかりと

Part1で紹介した立ち方を行き帰りの通勤時間に行います。電車やバスは適度な揺れもあり、一定時間乗るので立ち方の練習には最適な場所です。なるべく座らずに立ち方の練習時間に充ててください。

カラダに近い位置で握る

吊り革はカラダからあまり離れないようにつかみます。ふだんは軽く握り、揺れて倒れそうになったときだけ力を入れてつかみましょう

ブレないカラダで揺れを楽しむ

丹田に重心をおけば、多少揺れても動じることはありません。小さな揺れでカラダがブレるなら、P21のバランスドリルを小さな動きでこっそりやってみましょう

姿勢を正してからつかむ

吊り革につかむときは、肩甲骨の意識を忘れがち。そこで、一度、肩甲骨を引いてからつかむようにしましょう

NG×

吊り革に体重をかけてだらんと立つ。いかにも「疲れてます」と言っているようで、見ていて気持ちのいい姿勢ではありません

NG×

カラダから離れた位置で吊り革につかまると、どうしても姿勢が乱れてしまいます

立つ……2
いつでもバランスに気を配る

同じ姿勢を続けているとカラダがうずいて動かしたくなってきます。そのときは腰を左右に軽く振ったり肩甲骨を引き寄せたりしてカラダの緊張をほぐしましょう。

頭は傾けずまっすぐに
立ち姿の乱れは最終的に頭に出ます。Part 1で養った、頭がまっすぐになっているときの感覚をつねに意識しましょう

均等にのせれば疲れない
両足に体重を均等にのせる。式典や長めの朝礼など、長時間立つときはこのことに注意しましょう

NG×
片方の足に体重をかけると、時間がたつにつれ、せわしなく体重をのせ換えるようになってしまい、落ち着かない印象を与えてしまいます

荷物はひんぱんに持ち替える
「かばんを持つときは右」と必ず一方でしか持たない。これでは筋肉の成長が偏ってしまいます。肩の左右のバランスがおかしくなっている人は、ひんぱんに持ち替え左右のバランスをくずさないよう気をつけてください。

【歩く……1】

ちょっとした移動も歩きのトレーニング

ウォーキングのときだけフォームに気をつける人もいますが
ふだんから美しく歩くことを心がけることが大切です。
とくに姿勢のよしあしが際立つフォーマルな服装で
きれいに動くと相手に与える印象がより強まります。

背骨に乱れがあらわれる

P41で紹介したように美しく立つと背骨はなだらかなS字を描きます。歩くときもこのカーブは健在。立ったときの背中の感覚を忘れずに歩けば、きれいな歩きが実現します

NG× 猫背歩き

いかにもカラダが重そうです。腰や肩など必要な部分を上手に動かさないと、脚だけで歩くことになって疲れやすくなります

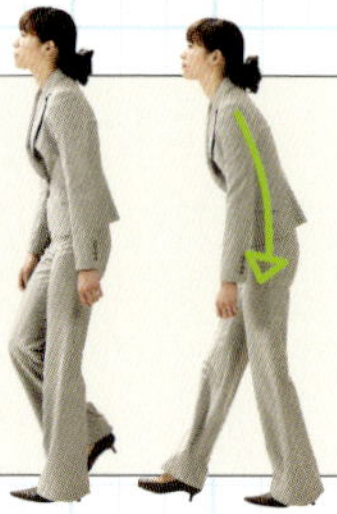

ウォーキングの成果を見せる

スーツは姿勢のよしあしを強調します。美しい姿勢はより美しく、悪い姿勢はより不恰好に。鏡やショーウィンドーで自分の歩く姿を確認してみましょう。ウォーキングについてまとめたPart 3も参考にしてください。

NG× 下腹ぽっこり歩き

お腹が出ている人は、このように歩きがち。腹筋を使わず、背中から腰に過度な負担をかけ、腰痛になりやすくなってしまいます

【歩く……②】

階段をラクに上る

階段の上り下りで感じる疲労感は脚の力しか使っていないため。骨盤を大きく動かせば脚の負担を減らせます。ここで紹介する上り方を実践してみましょう。

腰でカラダを運ぶ

腰を戻すときにカラダがついてくるように上ります

腰の回旋を推進力に

意識的に腰を大きく動かしながら脚を前に出しましょう

NG×　脚の力で上る

階段の上り下りがつらい人は太ももの力でカラダを持ち上げるためすぐに疲れてしまいます。写真のように大げさに前かがみになってカラダを運んでいませんか？

歩く……3

重い荷物に要注意

重い荷物を運ぶときは、リュックのように左右バランスよく背負うのがベストですがスーツではそれも難しいでしょう。そんなときは左右の重さが偏らないようひんぱんに持ち替えたり分けたりするのが有効です。

NG×

一方だけが重いとバランスをとるためにカラダを傾けることに。これではカラダ全体を使って歩けないので疲れてしまいます

左右の手に分割させる

荷物の数が多少増えても左右の重さが均等になるように持ちましょう

急ぐとたんに変になる

写真を見ても何の動きかわからないと思いますが、じつはこれ、速歩きをしている写真なのです。「急がなきゃ」という気持ちが強く出て、上半身が前に出てしまっています。速く歩くときも基本は同じ。P88で速く歩く方法を紹介しているので、急ぐときはこれを参考に、姿勢をくずさぬよう心がけて。

NG×

STEP 2

偏った疲れを「ほぐす」とラクになる

日常的ストレッチでマッサージいらずのカラダに

ストレッチとは筋肉の、すじや腱《けん》を伸ばすことで、筋肉の緊張をやわらげこりをほぐしたり、可動域を広げたりして運動効率を上げる動きのことです。

朝起きて「うーん」と伸びる動き。これもストレッチのひとつです。伸びをしたあとは、スッキリした気分になりますよね。これがまさにストレッチの効果です。

ここでは簡単にできるストレッチを数多く紹介します。一度に2、3か所と、苦手なものを中心にさまざまな部位をほぐしていってください。

つねに姿勢を意識して行います。これでカラダはより動きやすくなり、正しい姿勢が作りやすくなります。そのため、STEP1、2は同時に始めるとより効果的です。

いくつかのストレッチを紹介しますが、すべてを覚えるのは大変です。最初は苦手な部位のストレッチから始めカラダをほぐしていきましょう。

【座ってストレッチ】

仕事の合間にいちいち立ち上がるのもめんどう。
そこで、座ったままでできるストレッチを紹介します。
伸ばしたら「1、2、…」とゆっくり8まで数えます。
終わったら伸ばした部位を動かしてリラックスさせましょう。

1 首のストレッチ

後頭部を抱えてグーッと押し下げ、首の後ろを伸ばします。デスクワークなど、うつむいて行う作業のときに効果的です

押し下げる圧力で背中が曲がらないよう注意

2 首と背中と腕のストレッチ

イスを引いて机に両手を置き、背すじを伸ばしたままカラダ全体を腕のあいだに入れるよう下げていきます。背中から首のつけ根にかけて伸びるのを感じてください

背中は丸めずまっすぐに

【座ってストレッチ】

3 背中のストレッチ

背もたれに腕を伸ばして置きます。背中を伸ばし、肩甲骨を引いて肩をせばめるようにします。肩こりの人は時間を少し長めにしましょう

背すじは伸ばしたままで。充分に腕を伸ばせないようならイスの前方に腰かけましょう

3

4 肩のストレッチ

肩をグルグル回します。後方で回すよう意識してください。前回し、後回しともに10回くらいずつ行いましょう

肩甲骨に意識を置いて行えば、だんだん動かす感覚をつかめるようになるはずです

4

5 背中と腰のストレッチ

足首をつかんで背中を伸ばします。背中の下部が前方向にグーッと伸びていく感覚を感じ取ってください

6 お腹と首のストレッチ

背もたれに手をかけ、腹筋が上下に伸びている感覚で反っていきます。骨盤の前傾が苦手な人、丹田を意識するのが苦手な人におすすめです

7 体幹のストレッチ❶

① 手を組んで腕をまっすぐ上に伸ばし、腕が耳の後ろにいくようにします。筋肉が伸び骨盤も引っ張られて起き上がっている状態を作ります
② この状態からカラダ全体を前後左右に揺らし、体幹全体を伸ばしながら刺激を与えていきます

②
①
お尻は浮かせないように
7

8 体幹のストレッチ❷

背もたれに手をかけてカラダをひねり、背中や脇腹を伸ばします。靴底の減りが左右で違うなど左右のバランスの悪い人に効果的です

無理にひねろうとするとカラダが傾くこともありますが、それでは効果はありません。背すじはあくまでまっすぐ伸ばしてください
8

9 ふくらはぎと体幹のストレッチ

足を伸ばして机の引き出しなどにかけます。つま先を上げてふくらはぎを、さらに足首に逆の手を添えることで体幹のストレッチも同時に行います

10 脚のストレッチ

ひざにもう一方の足をのせて、のせたほうのひざあたりをグッグッと少し強めに押します。左右各20回。股関節やひざ関節をやわらかくします

ついでに足首を持ってグルグル回し、足首もやわらかくしましょう

11 足首(外側)のストレッチ

足の裏を合わせ、地面をグーッと押していき足首の外側を伸ばします。走りや歩きで足首が疲れる人は念入りに

12 足首(内側)のストレッチ

足の裏を外側に向け、地面を押していき足首の内側を伸ばします。11とセットで行ってください

【立って姿勢を作る】

骨盤の前傾や丹田への意識づけがなかなかできない人は
Part1のドリルだけでなく、この方法を試してください。
とくに骨盤の前傾が苦手な人はベルトを利用する
「骨盤を前傾させる動き」が効果的です。

1 姿勢を作って腰のストレッチ

手を後ろに組んだ状態で腰を前後左右、回転と、さまざまに動かすことで体幹の緊張が取れ、全身を動かしやすくなります

手を後ろに組んだときは背中を反らさず、腹筋で支えるように立ってください

2 骨盤を前傾させる動き

ベルトの後ろをつかんでグッと持ち上げます。写真のような姿勢以外にもズボンの中に手を入れ、内側からベルトをつかんで手首を引き上げる方法もあります

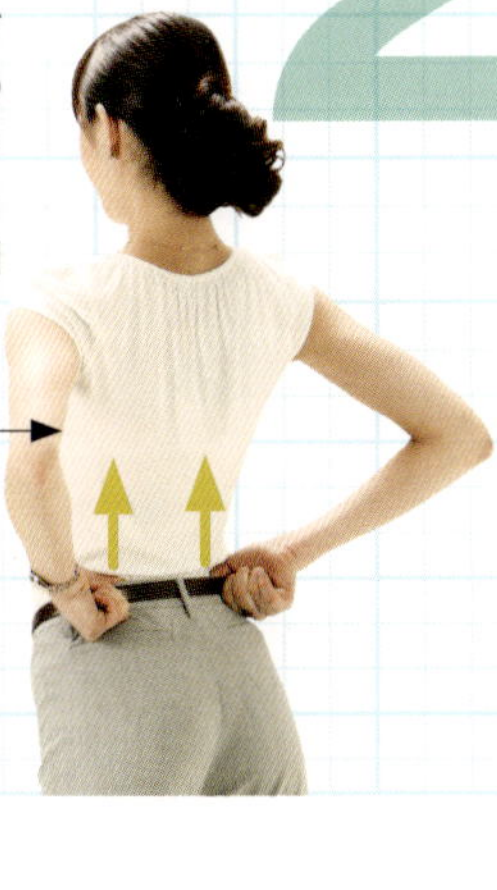

ベルトが腰の前部を締めつけ、このように強制的に骨盤が前傾する姿勢を作ります

【痛みをやわらげる】

筋肉の痛みの元は、緊張です。緊張から解放されれば痛みもやわらぎます。
しかし、この「抜く」を、意識的に実行するのは難しいもの。
2つのストレッチで、痛みの2大ポイントである
肩と腰の力の抜き方を覚えましょう。

1 肩の痛みをやわらげる

① 誰かに肩を押さえつけてもらい、自分は力いっぱい肩を上げるようにします
② 8カウントしたら手を離してもらい、肩の力を一気に抜き、これを3回繰り返します

2 腰の痛みをやわらげる

ひじかけに手を置いて、カラダを持ち上げ、腰をフルフルと前後左右に小刻みに振っていきます。すると徐々に力が抜けていきます。ひじかけの強度を充分に確認してから行いましょう

姿勢を正す3STEPメソッド

STEP 3

筋肉に刺激を与え「鍛える」

日常をトレーニングジムに変えてしまう

日ごろから美しい姿勢を意識し、適度なストレッチを取り入れること。これだけでもあなたのカラダは大きく変わります。最初は姿勢を作るだけでも痛みやつらさを感じるでしょうが、1、2週間もすれば、慣れてくるはずです。

このタイミングで軽い筋トレも組み込みましょう。走り始めは筋肉痛が起こることもありますが、ここで筋トレを行うことで筋肉痛に悩まされる期間も短くなり、カラダのパフォーマンスも上がります。

また、本書では「お尻に力が入る」などの表現が出てきますが、どのように力を入れていいかわからない人もいるでしょう。そのような人はこの筋トレを行うことで、自然とその部位に力が入っていく感覚をつかめるようになります。

【筋トレのやり方】

ストレッチ同様、ゆっくり8まで数えましょう。それで平気なら、できるだけ続けてください。ただし、やりすぎると仕事中に疲れてしまうのでご注意を。

1 お腹を鍛える❶

背もたれにカラダを預けて、両脚を軽く上げ、その姿勢をキープ。丹田を押さえてここに力が入っていることを確認しましょう

2 お腹を鍛える❷

右ひじと左ひざをグーッと限界まで近づけていってその状態をキープ。8カウント後、今度は左ひじと右ひざを近づけます。お腹の中央と横に力が入っていることを確認し、交互に何度か行います

3 お腹と腰を鍛える

脚を右、左と交互にまっすぐ上げます。ゆっくり上げることによって効果が高まるので、8カウントかけて上げきるようにしましょう

4 背中を鍛える

手のひらに本をのせてゆっくり上げ下ろし。4カウントで上げ4カウントで下ろすようにします。冊数が多いほどバランスをとるのが難しくなり、より正しい形でできているかが確認できます

5 腹筋を鍛える

両足をゆっくり上げ下ろしします。上げたまま静止しても鍛えられます。このとき、背もたれは使わずに背すじを伸ばすよう注意

5

6 お尻と太ももを鍛える

イスからゆっくり立ち上がり4カウントで中腰になったら、4カウントで座ります。この動作はゆっくりなほど効果が高まります。

座る瞬間にも注意。ドスンと座らず、ゆっくり腰かけるような動きのほうが効果的です

6

7 お尻

コピー機や机などに手を置き、片足を斜め後ろに上げていきます。ひざが曲がらないよう高く上げれば上げるほど効果があります。左右8回ずつ行いましょう

基本的な立ち姿勢(P41参照)をくずさずに、足は上げられるところまで上げましょう

8 背中・僧帽筋

壁に向かって手を広げてつき、背すじをしっかり伸ばした状態で、ゆっくり体重をかけていきます。これもゆっくりやるのがポイント。4カウントで下げ、4カウントで上げましょう

CLOSE UP 2

ゲーム感覚で姿勢を正す！

このPartでは姿勢を正す３STEPメソッドを紹介しました。姿勢を正すことはランニングやウォーキングのフォームを作るうえで大きな役割を果たしますすし、46ページでお話ししたように、自分だけではなく周囲からの視線も変わってくるので、あなたの人生自体を変えられます。

だからといって「やらなくちゃ」「変えなくちゃ」と自分を追い込むほど必死にならないでください。続けるためにはやはり「楽しんで行う」ことが何よりも大切。そう、ゲーム感覚が成功への近道です。

立ち姿勢なら電車の中が最適です。さすがにラッシュ時は無理ですが、空いている時間なら、美しく立ってみてください。そして、何駅ぶん立ち続けられるか挑戦してみましょう。

座っているときも同様です。最初、５分くらいで限界を感じたら、一度力を抜いてダラーッと背もたれにカラダを預けてリラックスしてください。そして、腰の緊張が解けてきたら、次は７分に挑戦してみるなど、自分のペースで課題を設定してクリアしていくように続けてください。

このように少しずつ自分の成長を感じることが、楽しむための秘訣《ひけつ》です。

歩くときは、子ども時代にやっていた遊びを思い出してみてください。白線からはみ出さないように歩く、横断歩道は白い部分だけ踏むように渡る、マンホールは踏まずにまたぐ、……。

誰もがやったことがあるこれらの一人遊び。じつはこの動きは、美しい歩きを作るよい練習にもなります。

歩き方は次のPart ３でくわしく説明しますが、白線のような細い場所を歩くには脚を腰から動かさないと安定して歩けませんし、横断歩道を少し大またで歩いたり、マンホールをまたいだりすることは、股関節のストレッチにもつながります。

大切なのはとにかく楽しむこと。子どものころは「白線以外を踏んだら爆発する」など、おかしな妄想をしながら行っていたと思います。この機会に童心に返ってやってみてください。飽きずに楽しく、懐かしく姿勢を正すことに取り組んでいけることでしょう。

Part 3

ウォーキングでカラダを

「変える」

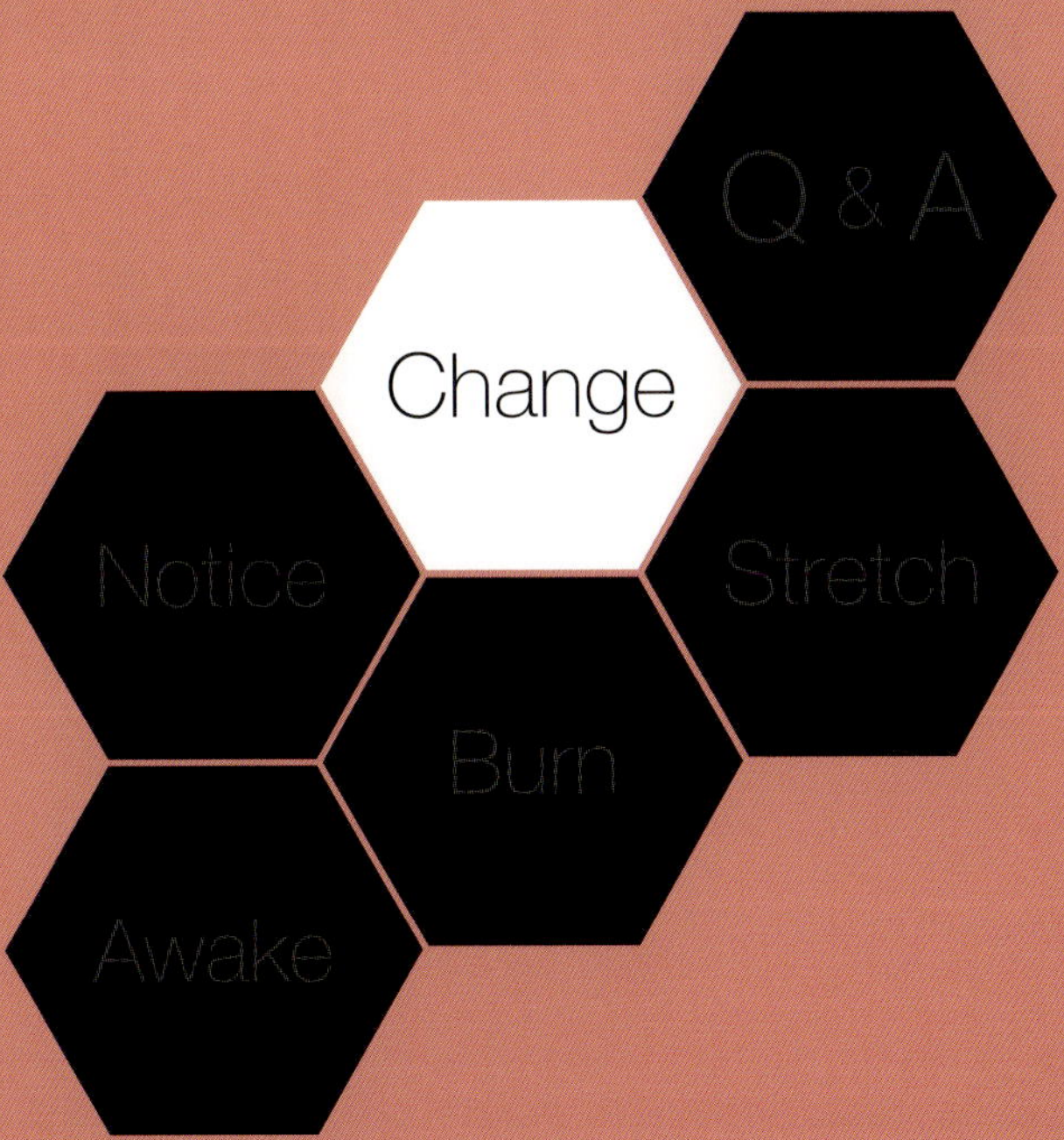

Walking &
SlowRunning Methods
by Tetsuhiko Kin

カラダが変わる体幹《コア》ウォーキングのススメ

まずはウォーキングから

カラダにかかる負荷の小さい「スローランニング」でも、いきなりだと1㎞足らずで「つらい」と感じるかもしれません。このような人には、ウォーキングから始めることをおすすめします。

本書で紹介する「コアウォーキング」は単なるウォーキングとはまったく違います。Ｐａｒｔ１、２で何度も触れてきた姿勢。これを活かして全身、とくに肩から腰にかけての胴体部（体幹）を使うダイナミックな歩き方です。

「全身を使って歩く」と聞くと「疲れそう」という印象をもつ人もいますが、実際は逆です。姿勢の乱れた人は歩くとき脚の力ばかり使います。しかしコアウォーキングなら負荷を体幹の大きな筋肉に分散させられるため、ふだんなら30分で息切れする人でも、疲れを感じることなくラクに歩けるのです。

そして、うれしいことに大きな筋肉を使うため、消費カロリーも大きくなります。疲れないのにたくさんのカロリーを消費するのです。信じられないかもしれませんが、試してみると違いがよくわかります。脚だけ疲れるというのではなく全身が、心地よい疲労感に包まれ、心地よい空腹感をおぼえることでしょう。

運動によってカラダにかかる負荷には個人差があります。もし、30分くらいのウォーキングでカラダがあたたまってじんわりと汗をかくようなら、健康やダイエットの効果は充分得られているでしょう。まずはこの感覚を楽しんでください。

コアウォーキングを続ければこう変わっていく！

Change 1

コア
ウォーキングを
始めてみる

Part 2の「3STEPメソッド」とコアウォーキングを続けていけば、徐々に姿勢が正されラクに歩けるようになり、カラダを動かすことの気持ちよさを感じられるようになります。

Change 2

筋力がつく、骨が丈夫になるなど、どんどん健康になっていきます。ふだんの生活にも張りが出て、歩く時間が長くなるなど、元気になった自分を実感できます。

カラダが
どんどん
変わっていく

走りたくなる！ Change 3

コアウォーキングを続けていくと、カラダが変わり、歩くだけでは物足りなさを感じるようになります。こんな気持ちになってきたら、ランニングを始めるチャンス。少し走り始めてみましょう。

体幹《コア》が動けば自然に美しいフォームに

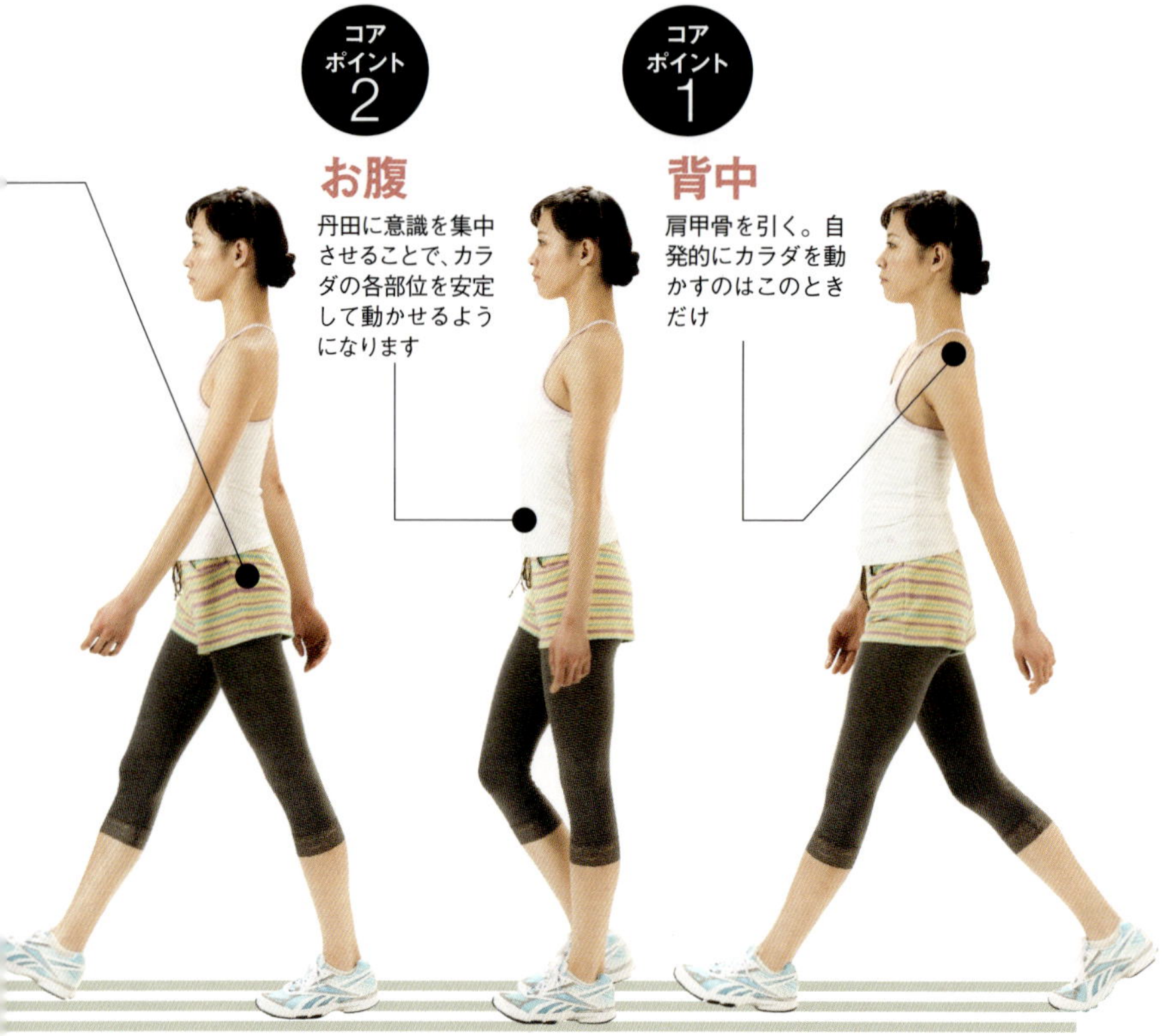
コアポイント 2
お腹
丹田に意識を集中させることで、カラダの各部位を安定して動かせるようになります
コアポイント 1
背中
肩甲骨を引く。自発的にカラダを動かすのはこのときだけ

全身を使って歩くコツは、41ページで紹介した立ち方のポイントと同じ「お腹、背中、腰」の3つを意識することだけです。このコアポイントを連動させれば、全身の筋肉、それこそカラダの内部にある筋肉まで動員して歩けるようになります。

イメージも大切です。美しい歩き方を頭に入れると、自然とそれに近づいていくものです。街中でもテレビでもいいので、美しく歩いている人の姿に注目してみましょう。「どこがきれいか」などと分析する必要はありません。ただ漠然と、美しい歩きを頭に放り込んでおくだけでいいのです。

このイメージを心に留め、腹、背中、腰の3つのポイントを押さえること。これであなたの歩きはどんどん進化していきます。

こんな部位にも気をつけて

右に紹介したコアポイントが乱れると さまざまなところに影響が出ます。「なんか変だな？」と感じたら こんな部位にも注意してみましょう。

脚

太ももに大きな疲れを感じるようならエアフラフープ（P24参照）などで骨盤をやわらかくしましょう

肩

肩こりのひどい人や猫背の人は疲れてくると姿勢が乱れがち。肩甲骨を動かす意識を忘れずに

顔

姿勢がしっかりしていれば、視線は必ず正面を向きます。足元が視界に入るようなら、一度立ち止まってコアポイントの確認を

腕

肩甲骨を引くことで、腕の振りが生まれます。しかし、大事なのは「引く」ことなので、腕、とくにひじがカラダの前に出すぎていないか注意してください

コアポイント 3

腰

骨盤を前傾させるのがポイント。肩甲骨を引くことで、自然と骨盤が前に出ます。これにより、脚だけで歩くのではなく、腰から歩く感覚に

背中で歩くイメージで美しく

肩甲骨を引くだけでラクに歩けてしまう

コアウォーキングができるようになるには前述したように「3つのポイントが連動する」必要があります。この第一のポイントとなるのが背中。

コアウォーキングを言葉で説明すると、肩甲骨を引くことから始まり、丹田を中心として骨盤が動き、足が連動して前に出る、という流れになります。

このように肩甲骨を引くだけで自動的に足が前に出るのが理想的で、なおかつ、この動きは身体構造上自然な動きです。できていないとしたら、その理由は「筋肉が上手に連動していない」「姿勢が乱れている」のどちらかです。

そこで、筋肉の連動を確認できる「ツイスト運動」を紹介します。この運動によって、肩甲骨と骨盤が連動する感覚が得られるので、何回か試してみて、カラダに動きを覚えさせましょう。

姿勢が乱れているときは、Part1で紹介した立ち方、とくに41ページで紹介している3つのポイントを見直すことでなおせます。

この動きができると、いつもよりカラダが軽くなったような気持ちでラクに歩けるようになります。

「あれ？　カラダが軽い？」

この感覚こそ、あなたが美しく歩いている証拠です。

正しく立って乱れをなおす

歩いている途中でも「変だな」と思ったら、立ち止まって立ち方をチェックしてみましょう

ツイスト運動

腰を右、左とひねりながら軽くジャンプを繰り返します。すると、右腰が前に出たときは、右側の肩甲骨が引け、左が前にきたら左の肩甲骨が引ける動きが自然と身につきます

歩き続けて歩きを作る

歩きを学ぶのにもっとも適したトレーニングは歩くことなのです。四国八十八か所を巡るお遍路さんにはこんな格言があります。
「まわっているうちに（弘法）大師さんが背中を押してくれるからラクに歩けるようになる」
この言葉こそ、まさに歩き続けることで美しい歩きになることを示しています。

コアウォーキングとは人間が本来もっている動きを再現しているだけなので、歩いていればカラダは自然ともっともラクに歩くフォームになっていくものです。

歩きがなかなかラクにならない人でもウォーキングの距離を延ばせば、それだけでも美しい歩きに近づけるのです。

Slow Running Step

コアウォーキングで「走れるカラダ」に

歩いて歩いてカラダを変える!

ランニングの前にコアウォーキングをするのには多くの意味があります。

第一に、ウォーキングとランニングの動きのポイントは同じです。そのため、コアウォーキングで美しいフォームを身につけられれば、それはそのままランニングに応用できます。

さらに、コアウォーキングを続けていけば、徐々にランニングをするためのカラダに変わっていきます。左ページの3つの機能が向上することで、走るカラダに変わっていき、その成長をはっきり自覚できます。

手の甲に注目してください。運動経験の乏しい人は静脈が目立たないと思います。コアウォーキングをすることで鍛えられた脚の筋肉がポンプとなり、血液を心臓へ送り返してくれます。これによって心肺機能は高まり、多くの血液が流れるようになり、血管もそれとともに発達していきます。すると手の甲を走る静脈の青いラインが以前より強く浮き出てくるのです。こうなれば走れるカラダはできあがったといってもよいでしょう。

ウォーキングを続けていると、ランニングに適したカラダになるほかにも、健康に関するさまざまな利点があります。その一部を、左ページ下に記しました。これらはコアウォーキングを続ける多くの人に生じます。

コアウォーキングは美しい走りのベース

歩き続けることで、カラダはどんどん変わっていきます。「歩くだけで本当に変わるの？」なんて思う人もいるかもしれませんがコアウォーキングは立派な全身運動。カラダがみるみる変わります！

心肺機能

コアウォーキングをしていると、足がポンプの役目を果たし、多くの血液を心臓に送り返します。これにより激しい運動にも耐えうる心臓に変わっていきます

筋肉

コアウォーキングで走るための筋肉がつきます。３週間も続ければ、ふくらはぎやすねの変化を感じられるでしょう

姿勢

コアウォーキングとスローランニングのカラダの使い方は同じ。続けていけば、走りにそのまま反映されます

ほかにもこんなメリットが！

よく眠れるようになる

全身運動によりカラダは心地よく疲労し、グッスリと深い眠りを得ることができます

ポジティブになれる

「動く」ことは「生きる」ことに直結します。行動的であることで気持ちが活性化し、ネガティブな思考は徐々になくなっていきます

体脂肪を燃焼させる

ウォーキングは有酸素運動なので、続けていけば脂肪を燃やしてくれます

骨の強度が高まる

適度な負荷を与えることで骨や関節が鍛えられて強くなるので、骨粗しょう症予防にもなります

血行が改善される

心肺機能の向上により血行が良くなり毛細血管までしっかり血液が流れます。冷え性の人は症状が軽くなります

ストレスが解消される

くわしくはPart 4のP104で紹介しますが、歩いているとスーッとココロが晴れやかになっていきます。脳に酸素が巡り発想力が高まる効果も

ランニングシューズのススメ

足を守ってくれる、信頼できる相棒探しを

ウォーキングは、ランニングに比べ着地時の衝撃が小さいため、運動が苦手な人でも気軽に行えます。とはいえ長時間歩くと疲労が積み重なり、ケガにつながるおそれも。その衝撃を緩和してくれる最良のパートナーがランニングシューズです。

着地の際にかかる衝撃吸収だけでなく、正しい足の運びもサポートしてくれるので、正しい動きを習得しやすくなります。ですから、ウォーキングのときからランニングシューズを履くことをおすすめします。

スポーツショップの多くでは「初級者、中級者、上級者」などレベルに応じて陳列されているので、最初は「初心者用」を選んでください。

なお、ふだん履いているものが正しいサイズとは限りません。この機会に店員さんに足のサイズや形状を測ってもらい、足にフィットしたシューズを選んでもらいましょう。

初心者向け

衝撃に対する吸収力が高いため、着地時にかかる負担をやわらげ、足をやさしく包んでくれます。上級者向けに比べ、クッション性能を高めているぶん、ソール部分が重くなってしまいますが、この重さが安全性につながるので、初心者はこのタイプにしましょう。

Reebok TAIKAN NKⅢ
Women's

Reebok TAIKAN NK Ⅲ
Men's

Senior

Reebok TAIKAN SMOOTHFIT KR Ⅱ

» 上級者向け

速さを追求するため、接地面積を小さくし、衝撃吸収するクッションも反発力を重視しています。まるで足袋のようなリアルな接地感が得られます。しかしその半面、初心者には歩きにくくなっています。フルマラソンを幾度も経験し、大会でそれなりの成績を収められる上級者のためのシューズです。

Intermediate

Reebok TAIKAN IB Ⅲ
Men's

» 中級者向け

クッション性能はビギナーモデルより落ちますが、そのぶん、反発力を強くするなど、接地時間を短くする工夫が施されているので、スピードに乗った走りが実現します。何度かレースにも出場し、スピードを求めるようになってきたら、このモデルに替えてみましょう。

重さがあなたを守っている

シューズを軽さだけで選んでしまうのは大きな間違い。もちろん、軽ければ軽いほど筋肉への負荷は小さくなりますが、重さはクッションや足をホールドさせる機能のために生じたもの、つまり、あなたの足を守る重さなのです。とくに体重のある人はクッション性が重要となります。その点もふまえて選びましょう。

SlowRunning Step ▲▲

知って続けて最大限の効果を得る

健康やダイエットのため、ランニングをする準備、と考えてウォーキングをするなら、「ウォーキングの基礎知識」に準じて行ってください。これを守って続けるだけでカラダはみるみる変わります。

しかし、ウォーキングはいつでもできるという気軽さが仇《あだ》となって、ついつい「きょうはいいや」「きょうもいいや」と何日も歩かないということにもなりかねません。そうならないよう、ふだんからウォーキングを意識し、続けるための方法をいくつか紹介します。

続けていれば、これまでに紹介した変化は訪れます。112ページからの、飽きと闘うためのQ&Aも参考にして、ウォーキングを続けられるようがんばってみましょう。

ウォーキングの基礎知識

1 一度に歩く時間は30分以上

歩くことで脂肪は燃焼されます。しかし、強い燃焼が始まるまでには15分から20分くらいの時間が必要です。最低でも30分、できれば1時間は歩きましょう。

2 痛むときは無理をしない

初期では筋肉痛になったり、大きな疲れを感じたりします。しかし、これはあなた本来のカラダに戻ろうとするために起こる痛みや苦しさ。むしろ前向きに受け止めてください。ただし、歩きながら痛みを感じたときは無理をせず中断しましょう。

3 姿勢はつねに気をつける

ウォーキング中は、考えごとをしたり、音楽プレーヤーの音に集中したりして、姿勢のことが頭から抜けがちになります。体幹を使ったウォーキングが身についていないあいだはフォーム、とくに背中からきちんと動けているかを意識してください。

4 週に3日は歩く

健康とダイエットを目的とするなら、最低でも週3日、さらに2日以上空けないようにしてください。もちろん、理想は毎日歩くこと。そのためのアイデアをまとめた左ページを参考に、自分なりのウォーキング継続法を編み出してください。

ウォーキングを日常行為に

**「30分程度ならいつでもできる」と思いがちですが
生活のパターンは変えるのが難しいので
最初の数週間は計画を立てて実行するのが長続きのポイントです。**

idea 1

歩く日を決めて予定に書き込む

続けるには、日ごろからウォーキングを念頭に置くことが大切。まず簡単なスケジュールを作りましょう。カレンダーや手帳など毎日目にするものに「○」をつけるだけでOK。これだけでも充分、ウォーキングへの意識を高められます。

idea 2

忙しい日はひと駅前で降りて歩く

忙しい人にとって、帰宅時間は最高のウォーキングタイム。帰ってから歩く時間がとれないようならひと駅か、ふた駅前で降り、歩いて帰りましょう。とくに考えごとがあるときなどは、この方法がおすすめです。

idea 3

飽きてきたらグッズを買ってみる

歩数計や、音楽プレーヤーと連動するものなど、ランニンググッズがたくさん販売されています。これらはウォーキングを楽しくするのにも有効。自分のスタイルに合わせて試してみましょう。

だんだん歩かずにはいられないカラダに

ここで紹介した方法は、あくまでウォーキング初期、習慣化するまでの話。慣れてくると飽きるどころか、歩かない日はカラダがウズウズして寝つけない、という状態に変わっていきます。

ステップアップ アクティブウォーキング

足が自然に前に出るような感覚を得られ、2時間くらい歩けるようになったら、歩き方を少し変えてみましょう。

ここで紹介するアクティブウォーキングなら、運動効率は普通のウォーキングよりもはるかに高まります。といっても、カラダの動かし方の本質は何ひとつ変わりません。単純に速く歩くだけです。

速く歩くといっても歩幅を広げるのではなく、ピッチを少し上げるだけ。具体的には速度を1分間に120歩くらいにし、ちょうどマーチのリズムで「イッチ、ニッ、イッチ、ニッ」と軽快に、リズミカルに歩けばいいのです。

Part4のスローランニングは、速歩きと同じくらいの速度なので、この速さに慣れておくと、よりスムーズに移行できます。

普通のウォーキング

アクティブウォーキング

ピッチを速めるだけですが、カラダの動きは普通のウォーキングよりあきらかに大きくなり、ダイナミックに歩けるようになります。

さらにステップアップ！

アクティブウォーキングで軽快に歩けるようになったら
ウォーキングもかなり楽しくなってきたはずです。
そこで、カラダの負荷を少し高めたこれらの方法を取り入れてみてもいいでしょう。

坂や階段をウォーキングコースに含める

歩道橋などをコースに加えてみましょう。あきらかな負荷の増加にやりがいを感じられるはずです

歩く時間を延ばす

休日などを一日使って、5、6時間のウォーキングをしてみましょう

短い時間でもいいのでランニングを挟む

ランニングをめざすならとくにおすすめ。徐々に走る時間を長くしていきましょう

ふだんもアクティブウォーキングで歩く

日常生活もアクティブに。移動時間が短縮できて健康にもなれます

ウォーキングで痩せる？

ウォーキングで痩せられるか？　答えはYesです。なかには「ウォーキングは消費カロリーが少ないので、痩せるといってもスズメの涙ほど」と考えている人もいるでしょう。じつは、それも正解なんです。30分くらいを余裕で走れるランナーなら、ウォーキングを行ってもたいした効果はありません。せいぜい、歩いている最中にわずかにカロリーを消費する程度しか効果はないでしょう。

しかし、運動から離れている人のウォーキングは違います。まず、歩くことで筋肉が鍛えられます。これにより、基礎代謝や心肺機能が向上し、確実に痩せやすいカラダに変わっていきます。さらに、ふだんの姿勢も変わります。全身を使うことで運動量も多くなるので、カロリー消費も大きく増えます。

102ページでスローランニングによる体重の変化を説明しますが、運動経験が少ない人ならウォーキングだけで変化が訪れます。「痩せるためには走らなきゃ」と思っている人も多いでしょうが、それはすでに走れる人にこそいえること。ウォーキングでもしっかりダイエット効果はあらわれてくるのです。

ただし、ウォーキングはカラダを作り変えて痩せていくので、食事制限より多くの時間を必要とします。本書ではある程度歩けるようになったら、スローランニングに移行し、一気に脂肪を燃やす道すじを紹介していますが、どうしてもランニングが合わない人もいます。これで運動自体をやめてしまうのは、非常にもったいないことです。そういう人は、ウォーキング中に少しだけランニングを取り入れてみるなど、自分のペースで続けてみてください。

ひとりでは長続きしないと思ったら、いっしょに歩く友だち「歩友《あるとも》」を見つけて励まし合い、目標に向かって歩きましょう！

Part 4
スローランニングで脂肪を
「燃やす」

Walking &
SlowRunning Methods
by Tetsuhiko Kin

カラダが運動を求めるサインをキャッチ

ウォーキングからランニングへ

運動の苦手な人がウォーキングを始めるようになった。これだけでも大きな変化です。あとは飽きることなく続けさえすれば、少しずつ健康なカラダになっていきます。

カラダが変わると、いろいろなことに敏感になります。たとえば長時間同じ姿勢をとり続けるとカラダが自然とウズウズしだし、肩を回したり、仕事中でも5分ほど散歩に出たりと、こりをほぐす修復作業を行うようになります。

このように、定期的に行うことで健康に対する意識が自然と高まるので、健康だけが目的ならウォーキングだけでも充分です。

ウォーキングを続けていくと筋肉がつき、心肺機能も向上します。そのため、はじめは30分程度歩いただけで感じていた疲れも、感じなくなっていきます。88ページにアクティブウォーキングを紹介していますが、それも簡単にこなせるようになったら、あなたのカラダはもう、ウォーキングでは満足できなくなっている証拠です。

このときこそランニングを始めるチャンスです！　走りましょう！

とはいえ、歩きと走りではカラダにかかる負荷が大きく変わるので、いきなりランニングに切り替えると、つらく感じることも。これでは走る楽しさを味わえません。そんなときは、歩きと走りの中間、そう、ゆっくり長く走る「スローランニング」が有効です。

スローランニングでこう変わる

Change 1 カラダの変化が見えてくる

ウォーキングからスローランニングに移行すると、運動量も大きくなるので、これまでゆっくりだったカラダの変化が早まります。体重の変化を図にしたP102を参考にしてください。

Change 2 走るのが楽しくなる！

目に見えて体重が変化する段階になれば、走ることの意義を大きく感じ、走るのがどんどん楽しくなっていきます。楽しんで行えば、P83のさまざまなメリットもより強く感じるようになります。

Change 3 スポーツライフの扉が開く

スローランからランに移っても、健康維持のためそのままスローランを続けてもいい。ほかのスポーツにチャレンジするときも、すでについている基礎体力のおかげで素直に楽しめるようになることでしょう。

スローランニングで走る！

どれくらいスローか知りましょう

「ランニングを始めてください」

そう言われると、多くの人がだいたい1分間に160歩、1km6分程度のペースで走り始めます。しかし、ランニング初心者がこのスピードで走ると体力を大きく消耗し、ウォーキングに慣れていても2、3kmでダウンしてしまうでしょう。これではひどく疲れたわりに、運動量は30分のウォーキングより少ないことになってしまいます。

健康やダイエットが目的のランニングは、速度ではなく時間が大切なのです。

そこでスローランニングです。

スローランニングとは文字どおり、ゆっくり走ること、ただそれだけです。具体的な速度は1km8分から9分。速歩きと同程度か少し速いくらいのスピードです。この走りなら、呼吸もしっかりできるうえ、カラダにかかる負荷も小さいため、ランニング初心者でも長時間走れるようになります。

いざ始めてみると、すぐに「つらい」と感じるでしょう。それでも問題ありません。つらくなったら歩きましょう。しばらく歩いて、呼吸がととのい、脚の疲れが引いてきたら再び走る、最初は1時間のうち10分走るくらいで構いません。続けていれば体力、筋力がついてくるので、走れる時間が延びていきます。

はじめのうちはがんばりすぎてしまいがちですが、無理をせず、ウォーキングとスローランニングを織り交ぜ、続けることを最優先してください。

another merit

速く走るのにも最適

本書で紹介する初心者のスローランは、じつは上級者にも有効です。ゆっくり走ると動きにごまかしがきかないので、フォームの乱れに敏感になれます。フォームチェックなどに利用してください。

速歩きと同じスピードで走る

実際に走ってみるとわかりますが、かなりゆっくりです。しかし、ゆっくりだからこそ得られるメリットもたくさんあります。とくに健康とダイエットを考えると、30分のランニングより1時間のスローランニングのほうがはるかに効果的です

スローランニングを覚える

1 まずは30分連続で走ることを目標に

疲れたら歩き、回復したら走る。最初はこのようにウォーキングにスローランを織り交ぜます。そして、走りの時間を少しずつ延ばしていきましょう。最初の目標は30分。それができたら、次は連続30分を目標にしてください。

2 速度を上げるのではなく時間を延ばす

走れるようになると、少しスピードを上げたくなるもの。それもランニングの楽しさのひとつですが、健康とダイエットが目的なら、長時間走れるようになることが大切です。連続60分走ることを目標にがんばりましょう。

3 最後は90分

もう少し時間を延ばして、最終的には連続90分くらいスローランで走れるようになりましょう。この段階になればランニングがいかに楽しいスポーツであるかおわかりいただけると思います。

正しい歩きと正しい走りはいっしょ

START! 速歩きからランニングへ
少し、速歩きがつらいかな、と思うところで走り始める。これがスローランニングの速度です

正しい走りの動きは正しい歩きと同じです。肩を引くと腰が自然と前に出て、つられて脚も前に出る。この歩き方をどんどん速めていき、そのまま走り始める。これで美しい走りは完成です。拍子抜けするくらいにかんたんな説明ですが、これさえできれば、初心者とは思えないほど美しく立派なフォームで走れているはずです。

スローランニングをしていると、その遅さに少し恥ずかしく感じる人もいるようですが、まったく心配無用。

動作をゆっくりにすることでカラダの使い方を確認することは、多くのスポーツで実践されているトレーニング法なのです。美しい走りさえできていれば、周囲の人は必ず好意的な目で見てくれるので安心して、ゆっくり走ってください。

SlowRunning

Attention!

やっぱりポイントは背中

歩きも走りもポイントは同じ。ここでも肩甲骨を引くことから始めて、その力で脚が前に出るように進みます。走りが乱れてきたと思ったら一度、歩いてフォームを確認しましょう

Challenge!

呼吸について

走るときの呼吸は、自然に吸うことはできるので、吐くことさえ気をつけていれば問題ありません。もし、それでも息苦しさを感じるなら、深く呼吸できる腹式呼吸を覚えましょう。

このときのポイントもやはり姿勢。姿勢を正し、息を吸いながら丹田あたりを意識して膨らませ、吐くときにお腹をへこませます。これをゆっくり行って、肋骨《ろっこつ》の下あたりにある横隔膜が上下している感覚があればOKです。

空中でのバランスと着地の衝撃に注意

浮く浮かないの違いがフォームを乱す

歩きと走りのフォームが同じといっても、いざ走り始めると極端にフォームがくずれる人が大勢います。この原因は、歩きと走りの特性の違いにあるのです。

つねにどちらかの足が着地しているのが歩き、両足が宙に浮く瞬間があるのが走り。この違いにより生まれてくるのが「空中姿勢」と「着地」です。

歩いているときにはない宙に浮く瞬間。地面という支えがないので、当然バランスがくずれやすくなります。そのため、走りでは歩き以上にシビアなバランス感覚が必要となります。

そして、着地。普通の速度で走った場合、着地の瞬間に体重の3倍以上もの負荷がかかり、スローランニングでも1.5倍から2倍の負荷がかかってしまいます。

歩きにはないこれらの特性によって、走り始めたとたんにフォームが乱れてしまうのです。

これは、走ることに慣れていけば徐々に解消されます。逆にいえば「走りとはこういうもの」と、あまり深く考えないことが大事。

ただ、疲れてくるとカラダのクセが出やすくなります。腹筋の弱い人は後ろ重心になり、左右のバランスが乱れている人は片側の足だけ痛くなってくるなど、まだ、筋肉が不足している部分をかばうような姿勢になってしまいます。これは、痛みや疲労という形であらわれるので、こうなったらウォーキングに戻って姿勢とフォームの確認をしてください。

Aftercare

クールダウン&ストレッチ

走り終えたら５分ほど歩いてクールダウンしてください。そのあと、ストレッチ（P124～参照）をていねいに行えば筋肉痛は予防できます。

NG×

×こわばってしまう

着地しない瞬間があるため、バランスがくずれて重心がブレ、フォームがバラバラになってしまう人もいます。歩きと同じフォームで、リラックスして走ってください

空中でのバランス

走りでは空中で重心移動を行わなければいけません。しかし、地上という支えがなくなるため、バランスはとてもくずれやすくなってしまいます。バランスをくずさないためには歩くとき以上に丹田を意識することが重要となります。

Attention!

「考えすぎ」がフォームを乱す

走ったとたんにフォームが乱れる人の特徴として「考えすぎる」というのがあります。「足はこれでいいのか」「腕は振れているか」と疑問をもってしまうと、そこばかりが気になって、よけいにフォームが乱れる原因になってしまいます。走るときはフォームを気にせず、もしどうしても気になるなら、ウォーキングしながら確認しましょう。

着地の衝撃

衝撃が歩きよりはるかに大きくなり、それに耐えうる筋肉がついていないと、フォームが乱れます。しかしこれは、走りながら筋肉を鍛えることで回避できます。走り始めのころは筋肉痛になるかもしれませんが、これこそが筋肉が成長している証《あかし》です。

脂肪激燃えスローランニングのしくみ

カラダ編

太る原因を元から断つ！

ダイエット目的でランニングを始める人もたくさんいます。その選択は正解です。スローランニングほど、気軽で理にかなった、効果的なダイエット法はありません。

スローランニング中のカロリー消費をみてみましょう。90分走ると約700キロカロリーが消費されます。さらに筋力、心肺機能の向上による基礎代謝が増加し、痩せやすいカラダに変わります。ウォーキングでもこの恩恵を得られますが、スローランニングならより効果的。カラダを鍛えながら痩せればリバウンドも起こりません。

そしてさらに大きな変化が訪れます。それが「食事」。走ったあとの水分補給はコーラやジュースより、水やスポーツドリンクを欲するでしょう。この欲望が飲み物同様、食べ物にもあらわれるのです。

まずは走る前の食事に気をつけてみてください。トンカツやハンバーガーなど重いものを食べてから走ったときと、納豆や焼き魚を食べて走ったときのパフォーマンスを比べてみてください。後者のほうが、あきらかにラクに走れていると思います。

これがわかれば、食生活はどんどん変わってきます。また、走ったあとはカラダの感覚が敏感になっているので、野菜や海藻など味の薄いものをおいしいと感じたりします。このおいしさはカラダが欲するおいしさです。

脳ではなくカラダが欲するものを食べる。このような食生活ができれば、余分な脂肪はみるみる減っていきます。

食生活を変化させる具体的な方法

カラダが食べたがっているものは健康によいものです。最初は以下のことを試してみましょう。

- ☑ 朝食を摂っていない人はとにかく食べる。起きてすぐ食べるのがベスト
- ☑ 揚げ物より焼き物、焼き物より煮物を選んでみる
- ☑ 肉より魚、魚より野菜と心がける
- ☑ 間食したいときは低カロリーのものを選ぶ

ランニングを続けると、カラダが欲していているものが徐々にわかってきます。今まで好き嫌いで選んでいた食べ物を、カラダの欲しているものにシフトしていきましょう

Let's Try!

おいしいお茶漬け作りにチャレンジ!

カラダに良いものが具体的にどんなものかわからない人も多いことでしょう。そういう人はお茶漬け作りに挑戦してみてはいかがでしょうか。梅干し、野沢菜、焼き鮭、…バリエーションも豊富ですし、何より、から揚げなどカロリーの高い食材はお茶漬けにしないので、楽しくおいしく低カロリーな食事ができます。

脂肪激燃えスローランニングのしくみ

体重編

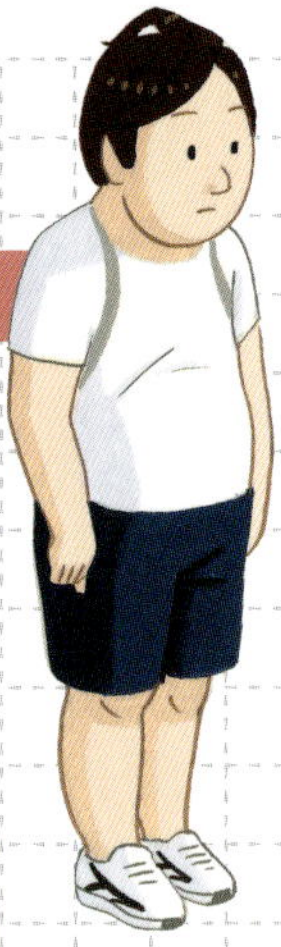

Aさんの場合

175cm　96kg

運動経験のないAさん。それでも学生のころは痩せていたのだが、多忙と暴飲暴食がたたり、今では学生時代の影も形もない体形に変わってしまった。

ウォーキングスタート!

体重が少し増える

運動し始めのころは食欲が増進されるため、体重が少し増える人もいます

美しく歩けるようになってきた

体重がガクッと落ちる

正しい姿勢が身につき、筋肉もつき始めると、体重はガクッと落ちていきます

ウォーキングの時間が長くなっていく

平穏になる

最初の変化が終わるとしばらくは安定します

START!

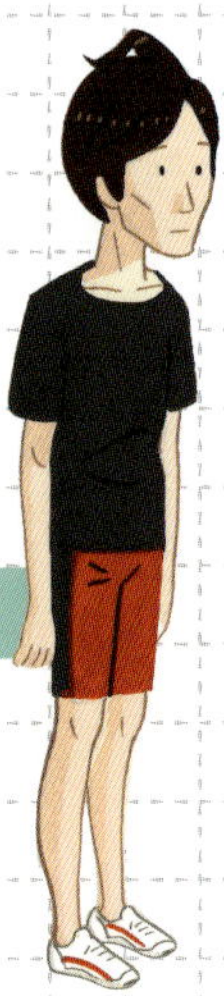

Bさんの場合

175cm　50kg

子どものころからガリガリのBさん。悩みは厚みのない胸板。体重は増やしたいし、まわりからも「もっと太らないと」と言われるが、食べることにさほど興味がない。

ウォーキングスタート!

体重微減

食の細い人は、最初は体重が少しだけ減ることもあります

ランニングスタート!

体重増加

走ることで足の筋肉などがつき始め、体重も少しずつ増加していきます

こうしてあなたは健康になる

スローランニングがダイエットに最適といっても、結果がすぐに出るわけではありません。そこで、体重がどのように変化していくのかをグラフにしてみました。体重は個人差がありますが、多くの人はこのグラフのように変化していきます。痩せるまでの時間は運動量や現在の体重、さらにはモチベーションなどによって変わってきます。もちろん、このグラフのとおりに進むとは限りませんが、3か月走り続ければ、一度は急激な体重の変化を体験するでしょう。

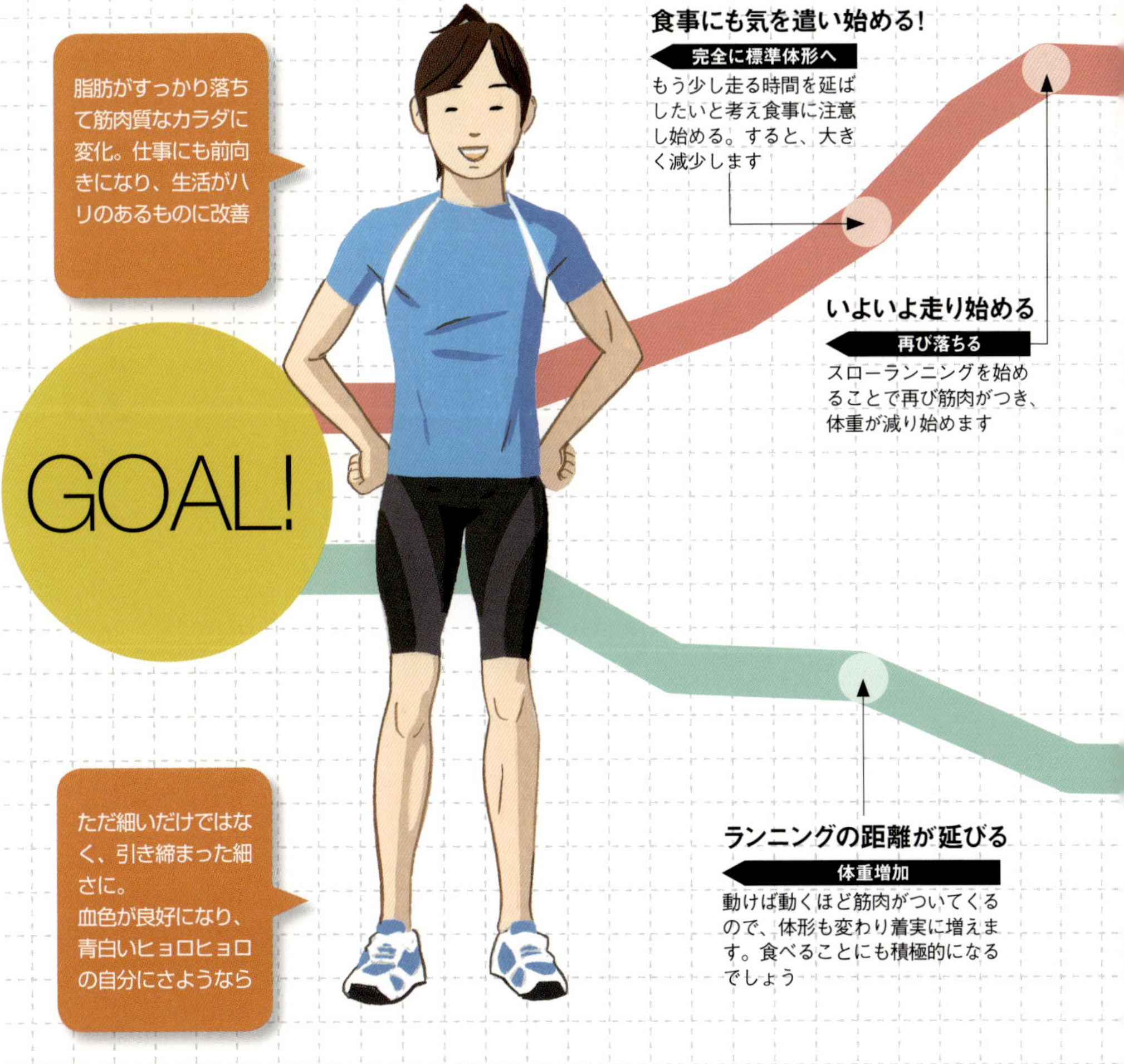
食事にも気を遣い始める！
完全に標準体形へ
もう少し走る時間を延ばしたいと考え食事に注意し始める。すると、大きく減少します
脂肪がすっかり落ちて筋肉質なカラダに変化。仕事にも前向きになり、生活がハリのあるものに改善
いよいよ走り始める
再び落ちる
スローランニングを始めることで再び筋肉がつき、体重が減り始めます
GOAL!
ただ細いだけではなく、引き締まった細さに。
血色が良好になり、青白いヒョロヒョロの自分にさようなら
ランニングの距離が延びる
体重増加
動けば動くほど筋肉がついてくるので、体形も変わり着実に増えます。食べることにも積極的になるでしょう

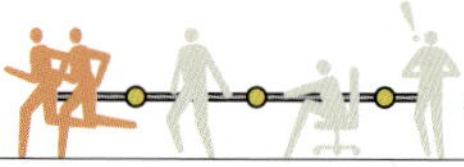

走りは脳やココロにも効く

カラダだけでなくココロもスマートに

ランニングはココロの健康にも一役買っています。「ランナーにうつ病はいない」といえるほど、ランナーに後ろ向きな人はいないのです。

まず、大きいのが達成感を得られること。走ったあとは当然、疲れますが、その疲れには「きょうもよく走った。がんばった。やりきった」という達成感が含まれます。このようなプチ成功体験は脳への大きなご褒美となり、前向きな考えを作り出す基盤となります。

また、人間はつねに適度な刺激を求める生き物です。精神的な刺激はふだんの生活からも味わえますが、肉体の刺激を得る機会は減っています。精神は過度な刺激を受けているにもかかわらず、肉体は何の刺激も受けない。このアンバランスさが精神を蝕《むしば》むことに拍車をかけているようです。

走ることでココロの平穏を保つ多くの人は、走りで得る肉体的刺激でココロとカラダのバランスがとれ、互いのストレスを打ち消しているように見受けられます。

なぜ、ランニングでココロが健康になるのかの問いに、はっきりと答えを出すことはできません。しかし、人間には元々、生きようとする力、つまり生命力が備わってます。狩猟や農耕によって生きてきた人間にとって、動くことは生きることに直結する行為です。その、動きの原点ともいえる「走る」という行為こそが生命力を呼び起こし、その結果、生きる気力にあふれた前向きなココロをはぐくむのではないでしょうか。

Check it!

スローランニングで頭が良くなる?

運動中は脳への酸素供給が通常より30%から50%も増加し、これにより記憶力、思考力、ひらめきなどの能力が向上します。また、これらの効果は速く走るより、ゆっくり走ることで高まります。

企画を提出しなければならない、問題を解決するアイデアがほしい…。こういうときは机の前で悩むより、スローランニングで脳に酸素を供給したほうが問題解決の近道となることさえあります。

ランニングで脳もココロも充実

ネガティブな感情が飛んでいく

走っていると、景色、空気のにおい、周囲の音、……全身の神経がそれらの情報を処理することに専念し、マイナスの思考に陥りにくくなります。怒りなどのネガティブな感情がスーッと消えてなくなります。

疲れ知らずの日常でストレスフリー

カラダの疲れは精神の余裕を奪います。疲労困憊《こんぱい》しているときに新しい仕事を押しつけられると、やりきれなくなりますよね。ランニングを行えば、体力が確実に向上し、疲労によるストレスが軽減されます。

答えを出してグングン進む!

走ると問題の解決策を見つけやすくなります。走ることで脳に酸素が巡りやすくなるなどの実験結果もありますが、これは体感すれば納得できるでしょう。悩んでいる、迷っているときこそランニングです！

準備運動はめんどう!

でも、これだけはやっておこう

スローランニングは負荷の少ない運動ではありますが、やはりランニングと名がつく以上、ケガ予防のために準備運動は行いましょう。とはいえ、ここで紹介する4つの動きを行うだけなので、3分とかかりません。

これを行えば、ケガの防止だけでなく、ランニングをするうえでとくに重要な部位がほぐれて動きやすくなるので、走り始めた当初に感じる硬さも軽減されます。

紹介の部位がしっかりと機能していることを各動きで確認しながら8カウントしてください。

もし、カラダに不安がある、冬場は寒くてなかなか走り始める気にならない、という人は121ページ~の「準備運動」を行ってみましょう。

伸脚

1《イチ》 2《ニ》 3《サン》 4《シ》 5《ゴ》 6《ロク》 7《ナナ》 8《ハチ》

1《イチ》 2《ニ》 3《サン》 4《シ》 5《ゴ》 6《ロク》 7《ナナ》 8《ハチ》

浅い伸脚と深い伸脚を行います。どちらも脚の裏側が伸びているのを感じながらカウントしましょう

さらにこの2つの運動で動きやすいカラダに

腰を回しやすくしておくと、肩甲骨を引いたときに腰がスムーズに動き、脚が前に出るようになります

エアフラフープ

→P24参照

ツイスト運動

→P81参照

上半身と下半身の連動をスムーズにします。この運動は腰の回旋を促します

背中

1《イチ》 2《ニ》 3《サン》 4《シ》 5《ゴ》 6《ロク》 7《ナナ》 8《ハチ》

手を組んで肩の高さに伸ばし、大きなたるを抱えるようにそのままグーッと腕を伸ばして背中の筋肉を伸ばします

ひざ回し

ひざ頭に手を置いてひざが動いていることを確認しながら回します。右回り、左回りと行います

ステップアップ ランニング

本書ではスローランニングまでの道のりを示していますが、ランニングの世界はさらに奥深いものです。走ることの魅力を知り、スローランニングを楽しんで続けられれば、運動未経験から始めた人も半年ほどで、1時間くらいラクに走れるようになっているでしょう。

こうなったら、スローランニングだけで終わらせるのはもったいない。少しレベルアップしてもっと奥深いランニングの世界を味わっていきましょう。

ここではさまざまなランニングの練習法を紹介します。最初はスローランニングとLSDを併用しながら、慣れてきたらJOG、ときにはWSなどを織り交ぜて、ランニングライフをより充実したものにしてください。

あなたの走力はどれくらい?

趣味のランニングにタイムなど無関係ですが、長く続けていると、自分がランナーの中でどのくらいのレベルなのか気になるところでしょう。下表を目安に、中級のタイムで走れるようになっていたら、レースにも出られるレベルといえます。

走力の目安

レベル	1km	5km	フルマラソン
初級	8分	40分	約6時間
中級	6分	30分	約4時間30分
上級	4分	20分	約2時間50分
超一流	3分	15分	約2時間6分

1時間で走った距離からタイムを算出しましょう。1時間で8km走れたら37分で5kmとなり、レベルは初級と中級のあいだとなります

ランニングメニュー

ランニングにはさまざまな練習メニューがあります。
これまでに紹介したウォーキングやスローランニングもそのひとつです。
これらは速度が違うだけで、フォームは同じです。
いろいろ試してみて自分の走力に合ったメニューを作ってみてください。

Walk

歩くこと。フォームの確認や本調子ではないけど動きたいというときは歩きましょう

SlowRunning

本書で提唱するランニング法です。長時間走りたいとき、健康やダイエットを目的とした場合はコレ

LSD

Long Slow Distanceの略で、意味は「ゆっくり長く走る」こと。普通に会話しながら走れる速度で、全速力の約30%が目安です

JOG

Jogging。いわゆる「ジョギング」です。このあたりから負荷も大きくなりますが、完走後の充実感も相当なものに

WS

Wind Sprintの略で全力の7～8割で走る練習です。全身の負荷が大きく長時間走れませんが、カラダをスピードに乗せて走る快感を得られます

Feel it!

ランナーズハイを感じてみませんか

最初は体感できませんが、JOGで１時間くらいラクに走れるカラダに変われば体感のチャンス。いつもより長い距離を走ってみましょう。

このときの感覚は「全能感」とでもいいましょうか、うまく表現できる言葉は見つかりませんが、とにかくすばらしい気持ちなので、ぜひとも体験してみてください。

大会に参加してみよう！

400mしか走れなかった人が、スローランニングで1時間走れるようになった。ここまで達した人は、ランニングにかなりはまっていることでしょう。

ダイエットや健康だけではない、いろいろな楽しさを感じてくると思います。四季折々の風景を見て楽しみ、スピードを上げて風を切るときの感覚を楽しみ、走ったあとの1杯を楽しみにする。また、ランナーズサークルに入って仲間と走る楽しみを見つけたり、本気でランニングに取り組んで目標タイムに取り組んでいったりする楽しみもあります。

このように、人それぞれの目的に合った楽しみを見つけられるのがランニングの醍醐味《だいごみ》ですが、せっかくランニングが好きになったのなら、どうしても体験してもらいたいことがあります。

それが大会です。今や各地で大小さまざまなマラソン大会が開催されています。フルマラソンやハーフマラソンはきついという人でも大丈夫。今は10km、5kmの大会もたくさんあります。一度、大会に参加してみましょう。

参加者にはそれぞれの思いがあります。自分の成長を感じたい人、本気で優勝を狙う人、参加することに意義を感じている人、…思いは人によって違いますが、ひとつだけ共通することがあります。

それは「走るのが好き」ということ。

ランニング好きな人が集まって生まれる大会独特の雰囲気。大会の楽しさとは、この走り好きが集まって作るワクワクした空気にあります。タイムにとらわれなくてもいいのです。このムードを味わうだけでも大会に出る価値はあります。

5km、10kmの大会の場合、その大半を歩いて進む人もたくさんいるので、スローランニングで1時間程度走れるようになっていれば、遅すぎて恥をかくことはありません。

インターネットを使えば開催場所や日時、エントリー方法などもかんたんに見つけられるので、ぜひこの走り好きのお祭り——マラソン大会に参加してみてください。

APPENDIX

付録

ウォーキング・ランニングを続けるために

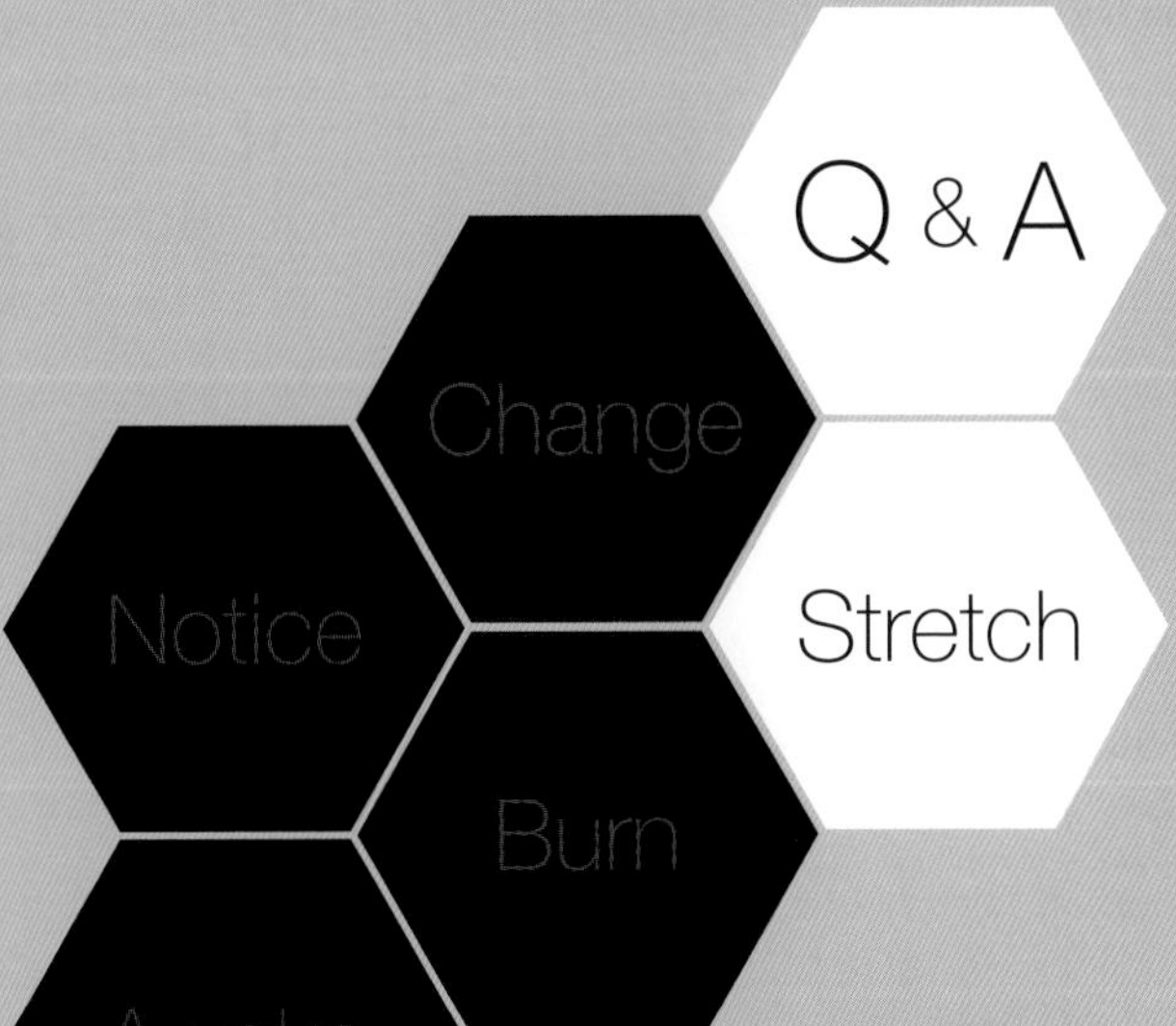
Q & A
Change
Stretch
Notice
Burn
Awake

Walking & SlowRunning Methods
by Tetsuhiko Kin

最大の敵「もう飽きた！」と闘うための

Q&A

ひとりでも気軽に気楽に始められるのが
ウォーキング＆ランニング。
しかし、その半面、ちょっとしたことでも
あきらめてしまいがちです。
とくに、成果が見られないころにそうなりがちです。
ここでは運動を「やめたい」と思ったときの対処法を
Q&A方式で紹介します。
サボりたい、サボッてしまったときに読んでください。

気持ち編

Q ものすごく飽きっぽい性格なんですけどこんな私でも大丈夫ですか

A この本を手にされた時点で、何か思うところがあったのでしょう。「痩せたい」とか「カッコよくなりたい」とか「健康になりたい」とか…。

そのときの気持ちを思い出してください。本書で説明したことを地道に行っていけば、絶対にあなたのカラダは良い方向に向かいます。

もちろん、すぐには変わりませんが、外見にあらわれないだけで、中身は確実に変化しているのです。

さらに続けていけば、外見にもあらわれてきます。体重が落ちてスマートになるのはもちろん、トレーニングを重ねることで顔の筋肉も引き締まり、姿勢も堂々としてきます。見た目ばかりか内面からにじみ出るカッコよさとでも言えばいいのでしょうか。人間としての強さを感じさせる魅力ある人になれます。

飽きっぽさを自分の欠点だと自覚しているのなら「それをなおす」と思い立つのもいい方法です。最初は姿勢を↖

正すことでまわりの見る目が変わり、歩いたり走ったりし続ければ体重が落ちてきます。ここまでくれば目に見える変化を感じられ、飽きっぽい人でも続けられます。

この段階は必ず訪れるのでがんばってみてください！

Q ほかにやることが多くて時間が全然とれません！

A やめてしまう理由でもっとも多い答えですね。でも、これは優先順位の問題なんです。

最初のころはランニングそのものが楽しいのではなく「痩せたい、健康になりたい」という動機だけで走ってしまうものです。そのため効果が実感できないと、そもそもの目的が失われ、ランニングの優先順位がどんどん下がってしまいます。

まず手始めに、Ｐａｒｔ2で紹介した3ＳＴＥＰメソッドのストレッチや筋トレを行ってみましょう。これなら時間をとることなくトレーニングできます。

また、食料品を買うときは、近くのコンビニで済ますのではなく、少し離れたところにあるおいしい店や安いスーパーまで足を延ばしてみるのも手。充実した生活のため動く時間を少し増やすようにしてみてはいかがでしょう。

Q 昔のように走れなくて嫌になってしまいます

A 「昔はもっと走れたのに……」学生時代に運動していた人のなかにはこう感じる人も多いでしょう。これは己のカラダを省みず一生懸命に仕事をしてきた結果。

付き合いが増え、飲んで帰る日々を繰り返したり、昼食を忘れて一心不乱にパソコンに向かったりするなど、肉体的にマイナスになることをたくさんしてきたからでしょう。

そんな生活を送った結果、あなたはさまざまなものを手に入れました。そして、その代償として今の肉体があるのです。手に入れたぶん、なくしてしまっただけ。それさえ自覚していれば、過去を振り返る必要はありません。

どうしても昔を思い出してしまうなら、楽しかったことを思い出してみてはいかがでしょう？

昔好きだった音楽を聴きながら走ってみるなど、思いきりノスタルジーに浸って、当時の楽しい記憶にひたりながら走るのもいいものですよ。

Q やっぱり運動ってつらい！今すぐにでもやめたい

A ランニングを始めたきっかけは「痩せたい」「体力をつけたい」など自分のコンプレックスを克服したい気持ちからだと思います。この「もう、やめたい」という気持ちこそ、コンプレックスがあなたの心をノックしている証《あかし》。太っている人は、歩くだけでも息があがりやすいため当然つらく感じますよね。

ランニングやウォーキングは、健康面でこのうえなくかんたんで、有効な運動です。続けていれば心身ともに健康になり、寿命も延びます。せっかく一歩を踏み出したのですから、コンプレックスに負けず、少しがんばってみてください。

Q 始めたのはいいんですけど疲れが残って翌日の仕事に影響が出てしまいます

A 走り始めならよくあることですね。背中や脚に筋肉痛を抱えたまま仕事をするのは大変かもしれません。しかし、2週間もすればカラダは目覚め、動きに慣れてきます。

むしろこの程度の運動をしたほうが、仕事の効率は上がります。よく眠れ、体力も回復しやすくなるので朝から活発に動けるように。

どうしても仕事への影響が心配なら、最初は30分程度のウォーキングとPart2の3STEPメソッドだけにとどめれば、疲れて翌日に差し障ることはないでしょう。

Q 寒いとどうしても走る気になれないんです……

A こんなときは、室内でカラダをあたためてから走ればいいんです。ゆっくり走るならそれほど念入りな準備運動は必要ありませんが、寒いときには121ページ～の準備運度をしっかり行ってください。

それでもあたたまらないときは、70ページの筋トレも行ってください。これでカラダはあたたまり関節も動きやすくなるので、走りたくないというおっくうな気持ちもなくなってくるでしょう。

また、服装を変えるだけでも寒さはずいぶんとやわらぎます。もし、Tシャツにウインドブレーカーを羽織るだけで走っているなら、スポーツショップで季節に対応したランニングウエアを探してみましょう。もちろん、冬場のランニングに手袋は必須です。

不安編

Q 走っているとカラダが痒くなるんですけど大丈夫ですか

A おそらく、走り始めて数十分たってから痒《かゆ》くなってくるのだと思います。痒みは体内の異物感から生まれる感覚です。では、この異物感とは何でしょう。

まず、このような症状は冷え性の人に多く見られます。冷え性とは、血液の巡りが悪く、手足や腰などが冷えやすくなっている状態です。

ランニングやウォーキングは、心臓の働きがよくなるだけでなく、脚の筋肉が収縮を繰り返すことで、ポンプの役目を果たし、カラダの隅々まで血液を巡らせられるようになります。だから血液がしっかり循環するのです。

この血行障害による冷えが慢性化していると、血行がよくなりカラダがあたたまることに異物感を覚えてしまい痒さを感じるのです。

ですからこれはまったく問題ありません。カラダが正常化している過程と考えましょう。

Q 1時間歩いただけでつらくなるのですが…

A すぐに苦しくなるなら、まず歩いて体力をつければいいのです。ただ、1時間程度歩いただけでも苦しさを感じるのなら問題です。

1時間くらいのアクティブウォーキングなら80歳の人でも平気で行っています。これくらいの運動で苦しいと感じるのなら、もはや病気ともいえるほどカラダが悪くなっています。

このような人にとってのウォーキングは、病気のカラダを普通のカラダに戻す治療のようなものです。多少の苦しみはカラダの悪い部分が悲鳴をあげているだけと思って、安心して続けてください。

Q 歩いたあと、かなりお腹がすいてしまいます

A これは多くの人が感じることですが、ダイエット目的でランニングを始めた人にとっては、深刻な問題ですね。だとしたら、お腹がすくことを逆手にとって、食生活を見直してみてはいかがでしょう。

まずは量ではなく、カロリーを抑えることから始めてみましょう。パスタならカルボナーラではなくペペロンチーノ、おにぎりならツナマヨネーズではなく昆布など。今までよりも低カロリーのメニューで空腹感を満たしていきましょう。

また、うす味の食事に慣れると、だんだん素材の味がわかるようになります。すると、鮮度のいいものはよりおいしく感じられるため、添加物の多いコンビニ弁当や味の濃い高カロリーなメニューをカラダがほしがらなくなります。適量で満腹感を得られる食生活が送れるように変わっていきますよ。

Q スローランニングを始めて2か月。なかなか痩せないんですけど……

A 運動から離れていた人は、まず筋肉がつきます。そのため、最初はなかなか体重に変化があらわれません。むしろ、食欲が増して体重が増える人のほうが多いくらいです。体重が落ち始めるのは、カラダがしっかりできてからなのです。

しかし、このカラダ作りをしておくことこそリバウンドのない理想的な痩せ方への近道なのです。2か月でやめるのはもったいないですね。

体重は変わらなくてもあなたのカラダはせっせと痩せる準備をととのえています。もう少し続けてみませんか。

Q 汗が不快でたまりません

A 運動に慣れていない人は汗をかくのが気持ち悪いかもしれません。でも、慣れてくると気持ちよくなってくる。運動をしている人としていない人では、真逆になるのが汗に対する感覚です。汗をかくのが気持ち良くなってくれば、そのぶんカラダが運動に慣れてきた証拠

↖

といえます。

では、まだ運動に慣れていないときの不快感にはどう対処していけばいいのか。難しいですが、単純にその汗のぶんだけカラダが浄化されているとイメージしてみるのはどうでしょう。

ただ、気持ち悪いと思っていても、シャワーを浴びればその気持ち悪さは解消できますし、汗をかくということは、そのぶん、水分補給に飲む水がおいしく感じられるのではないでしょうか。

もし、お酒が好きな人なら、運動後のビールがよりおいしく感じられると思います。

Q 走っていると異様にのどがかわくんですが……

A これは、口だけで呼吸していることが原因です。腹式呼吸を心がけ、お腹に手を置いて声を出してみましょう。腹式呼吸ができていれば話すたびにお腹が動きます。丹田を意識して肩甲骨を軽く引けば、横隔膜が動きやすくなるのでさらにやりやすくなります。まずは姿勢を正して声を出してみてください。腹式呼吸ができるようになると鼻から吸って、口から出す呼吸に変わります。

これなら口からは体内の湿った空気しか出さなくなるので、のどはかわきにくくなりますよ。

Q メガネが曇って嫌なんですけど何か解決策はありますか

A 運動中に自分の息や顔の汗が蒸気となってメガネが曇ることはよくあります。また、髪を伝って落ちた汗がメガネにかかって視界をさえぎってしまうこともあるでしょう。

まさか「汗をかくな」とはいえませんので、こういうときはグッズを利用しましょう。

落ちてくる汗は帽子やヘアバンドをつけることでかなり防げます。また、フォームが乱れると、うつむいてしまう人も多く、それでメガネに汗が落ちて曇りやすくなるということも考えられます。汗が落ちたら、まずフォームと姿勢を確認してください。

レンズの曇りについては、スポーツショップなどで売っているスポーツ仕様のメガネがおすすめです。普通のメガネに比べ多少値は張りますが、軽くて曇りにくいので不快にはならないはずです。

Q 走っているときに感じる「だるさ」にどうしても慣れません

A だるい。いまひとつつかみどころのない表現ですが、聞いてみると、足元にずっしりとした疲れを感じている人が多いようです。

つまりこれは、バランスをくずした姿勢で走っているということなのです。しっかりしたフォームで歩いたり走ったりできていれば、だるいという感じではなく、全身を心地よい疲労感が包みます。

さらにランニングを続けていると、カラダの感覚も鋭くなってくるので、「だるさ」ではなく、ふくらはぎが疲れてくるなど、疲れの部位と状態が特定できるようになってきます。

技術編

Q すぐ息切れするのですが太っているせいですか

A 走る、歩くという行為は自分のカラダを運ぶこと。そのため運動量は、体重が軽ければ減り、重いほど増え、そのぶん酸素を必要とするので、太っている人は当然、息切れしやすくなります。

しかし、太っている人の走りを見ると、呼吸の浅い人が多く、息切れしやすいのはむしろそちらのほうが問題なのだと思います。

これを解消するには、前出の「異様にのどがかわく人」と同様に腹式呼吸をしっかりと行うことが大切です。もしかしたら、お腹の肉が多いから、腹筋を動かすとお腹の肉もいっしょに動いてバランスをくずしやすくなっているのかもしれません。これを解消するには、ふだんから腹式呼吸を行って慣れていくのがいちばんです。

まずはふだんの生活から姿勢を正す意識をしっかりもってください。姿勢が正されれば、腹式呼吸もしやすくなります。まずは息を鼻から大きく吸ってお腹を膨らませ、口からゆっくり吐いてお腹をへこませるようにしてみましょう。呼吸とともに横隔膜をしっかり動かす練習を日常で行っていれば、ランニング中でもバランスをくずすことなく腹式呼吸ができるので、息切れもしなくなっていきますよ。

Q 上り坂がつらいんですけど……

A これは当然です。上り坂を進むということは、重力に逆らって上方向にカラダを運んでいることなので、つらくて当たり前なんです。このつらさは筋肉が少ないほど、また体重が多いほど大きくなります。

重いものを運ぶコツはできるだけ重心に近い場所で持つこと。基本に立ち返って、重心（丹田）をより意識し、骨盤を大きく回して脚を運ぶように進んでください。

坂道は、元々つらい場所なので、これといった対策はありません。しかし、坂道を上りきったあと、ラクに平地を走るのもランニングの楽しみのひとつですよ。

運動後の1杯ではありませんが、苦労のあとに待っている楽しみもあると思って、がんばってみてください。

Q 下り坂も苦手です

A 加速してしまい、制御しにくくなっているんですね。これも体重があればあるほど深刻になっていく悩みです。

下り坂では太ももと腰の筋肉をブレーキにして制御するのですが、筋力の発達以上に体重があると、スピードがどんどん上がってしまいます。

カラダを反らしてスピードを無理やり落とす方法もありますが、それではフォームがくずれてしまいます。そこで、下り坂では歩幅をせばめて進むといいでしょう。スピードは落ちますが、しっかりと自分のカラダが動く範囲でカラダを制御することが大切です。

走っていれば余分な体重は落ちていき、必要な筋肉がついてくるので、スピードがだんだん上がってきてもカラダを制御できるようになっていきます。

Q 姿勢を意識しているのに いつの間にか後ろ体重に なってしまいます

A こういう人はいっぱいいます。じつは骨盤を前傾させて走るという行為は、ものすごく腹筋を使うんです。そのため、腹筋が弱い人はそれをキープするのが難しくなって、重心が後ろにかかってしまうんですね。

走っているときに気づいたなら、その時点で歩いてください。歩きならそれほど大きな力を使わないので、姿勢を正しやすくなります。歩きでも後ろ体重になってしまう人は、まだ美しい姿勢に慣れていないので、Ｐａｒｔ２の日常トレーニングで姿勢を意識してみるといいでしょう。

Q 痛みを感じました。しばらく休んだほうがいいでしょうか

A まず、痛みを感じたら、どこが痛いのかポイントを探ってみてください。

痛みには3段階あります。

まずは筋肉痛。これは走り始めたら誰もが感じることです。運動に慣れていない人は、歩いただけでも筋肉痛になるかもしれません。ですから、痛いところが筋肉なら、それは筋肉が成長している証《あかし》。むしろ喜ばしいことです。痛くてフォームが乱れるなら、その日は走るのをやめて、あたたかいお風呂にでも入って、痛む部位をマッサージしたり、寝る前にストレッチ（124ページ～参照）を行ったりしてください。これで、筋肉痛も早めにおさまります。

もし、痛む部位が関節にある場合、これは腱やすじが炎症を起こしかけているかもしれません。この場合、痛みの種類を確かめてみましょう。鈍痛というのですが、カラダの奥から感じる鈍い痛みなら、2、3日休んで痛みが引くのを待ちましょう。

この痛みを我慢して走っていると、完全に炎症を起こしてしまい、完治するまではランニングを控えなければなりません。

ただし、本書で紹介しているウォーキングとスローランニングなら、そこまで大きな負荷をかけているわけではないので、筋肉痛止まりの痛みだと思います。

関節部の痛みは動きすぎというよりフォームの乱れが引き起こしている可能性が高いので、鈍痛を感じて運動ができないときは、これまで以上に姿勢に気をつけて生活してください。

準備運動で安全なランニングライフを

**準備運動を行うことで、関節が動きやすくなり
可動域が広がるため、パフォーマンスが上がりケガの予防にもなります。
106ページでは準備運動がめんどうな人のためにスローランニング専用の
かんたんな準備運動を紹介しましたが、できればここで紹介する運動がベストです。
ひとつにつき、ゆっくり8カウントを2回
「12345678、22345678」のリズムで行ってください。
また、ランニング後は5分ほど歩いてクールダウンしてから整理運動として
ストレッチ(P124～)を行ってください。**

関節系

01

ひざ回し

中腰になり、ひざに手を軽く添えてゆっくり回します。右回り、左回りの両方を行うのを忘れずに

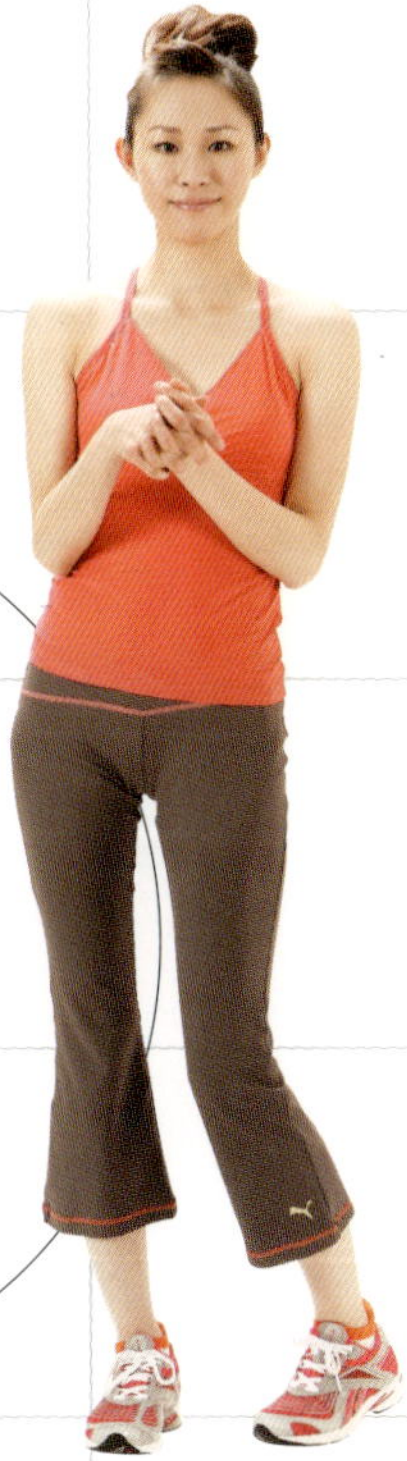

02

手首足首回し

手首、足首をグルグルと回します。始めたばかりのうちは、足首をとくに念入りに行いましょう

03

屈伸

ひざの曲げ伸ばしを行い、ひざと足首の関節をやわらかくしていきます

04

浅い伸脚と深い伸脚

腰から足にかけての関節をやわらかくしながら太もも、すね、ふくらはぎなど脚の各筋肉を伸ばします

05

肩入れ

両脚を大きく開いて、肩をグッと内側に入れ、肩の後ろを伸ばしてやわらかくします。腰が伸びる効果も

06

アキレス腱伸ばし

前後に脚を開き、前脚にゆっくりと体重をかけて、アキレス腱を伸ばします。かかとが床から離れないように行ってください

07

前屈と後屈

肩幅程度に脚を開き、脚を伸ばしたまま上体を前に倒します。終わったら、後ろに反らしてください

08

カラダ回旋

上半身を大きく回します。背すじを伸ばしたまま回します。右回り、左回し両方忘れずに

ストレッチ系

09

足首の内側伸ばし

足の裏が外側を向くように倒し、足首の内側を伸ばします。左右片方ずつ行います

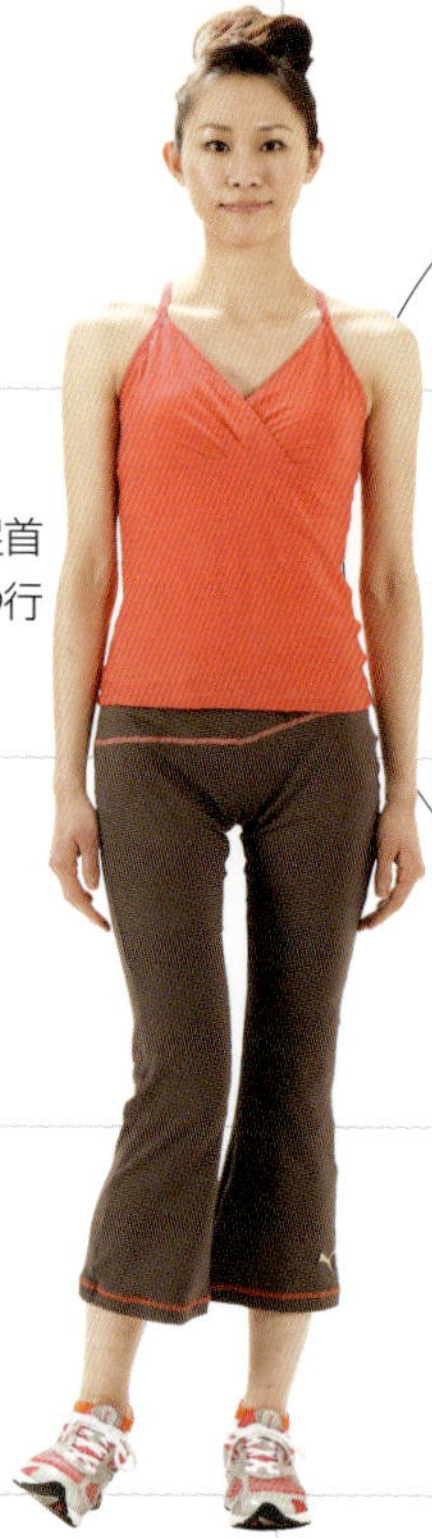

10

足首・すね伸ばし

つま先を床につけて、ゆっくり前に力をかけて足首とすねを伸ばしていきます

11

足首の外側伸ばし

両足の裏が内側を向くようにして立ち、足首の外側を伸ばします。両足同時がきついときは片方ずつ行いましょう

12

太もも裏側伸ばし

左右の脚を交差して立ち、カラダを前に倒します。太ももの後ろがパンパンに張り、伸びていく感覚が得られます

13

太ももの前面伸ばし

一方の脚をたたんで足首を持って立ち、お尻に引きつけるようにして太ももの前面を伸ばします。この体勢で立てないなら壁に寄りかかってカラダを支えれば、足首を持ちやすくなります

14

体側伸ばし

上半身をひねって、背中やお腹の側面の筋肉を伸ばしていきます。下半身は正面を向いたままにしてください

15
背筋伸ばし

手を組んで大きなたるを抱えるようにしてそのままグーッと腕を伸ばし、背中の筋肉を伸ばします

16
肩伸ばし

腕を頭の後ろに持っていき、ひじをつかんで引っぱります。顔はなるべく正面を向くようにしてください

17
胸筋伸ばし

手を後ろで組み、ひじを引き寄せます。肩を引き寄せる感覚と胸の筋肉が伸びていく感覚が得られます

18 肩と背中伸ばし

腕を逆の肩方向に伸ばし、もう一方の腕でひじを引いて腕のつけ根を伸ばしていきます

19 首の後ろ伸ばし

手を組み、後頭部に当てて下に押していきます。首のつけ根が伸びていきます

●著者

金哲彦（きん てつひこ）

1964年生まれ。福岡県北九州市出身。プロフェッショナル・ランニングコーチ。NPO法人ニッポンランナーズ代表。中学時代から本格的に陸上競技を始める。八幡大学付属高等学校を卒業後、早稲田大学教育学部に進学。競走部に入り、箱根駅伝では１年生から４年連続で５区「山登り」を走り、２度の区間賞を獲得。卒業後リクルートに入社し、リクルートランニングクラブを設立。92年コーチに、95年監督に就任。2001年、NPO法人ニッポンランナーズを設立。一般市民ランナーやプロアスリートの指導にあたっている。テレビやラジオの駅伝・マラソン中継の解説者としてもおなじみ。

○著書

『金哲彦のランニング・メソッド』（高橋書店）、『「体幹」ランニング』（講談社）、『３時間台で完走するマラソン まずはウォーキングから』（光文社）など多数

金哲彦のウォーキング&スローラン

著　者　金　哲彦
発行者　髙橋秀雄
編集者　岡村洋平
発行所　**高橋書店**
〒112-0013　東京都文京区音羽1-26-1
編集 TEL 03-3943-4529 / FAX 03-3943-4047
販売 TEL 03-3943-4525 / FAX 03-3943-6591
振替 00110-0-350650
http://www.takahashishoten.co.jp/

ISBN978-4-471-14213-1

※本書についての問合せ　土日・祝日・年末年始を除く平日9：00〜17：30にお願いいたします。
内容・不良品／☎03-3943-4529（編集部）
在庫・ご注文／☎03-3943-4525（販売部）